Anne et Daniel Meurois-Givaudan

Le Peuple Animal

AMRITA

DES MEMES AUTEURS

RECITS D'UN VOYAGEUR DE L'ASTRAL

TERRE D'EMERAUDE
Témoignages d'outre-corps

DE MEMOIRE D'ESSENIEN *(tome 1)*
L'autre visage de Jésus

LE VOYAGE A SHAMBHALLA
Un pèlerinage vers Soi

LES ROBES DE LUMIERE
Lecture d'aura et soins par l'Esprit

CHEMINS DE CE TEMPS-LA
De mémoire d'Essénien (tome 2)

PAR L'ESPRIT DU SOLEIL

LES NEUF MARCHES
Histoire de naître et de renaître

SEREINE LUMIERE
Florilège de pensées pour le temps présent

WESAK
L'heure de la réconciliation

CHRONIQUE D'UN DEPART
Afin de guider ceux qui nous quittent

---

*Le catalogue des Éditions Amrita est adressé
franco sur simple demande*

Editions AMRITA
24 580 Plazac-Rouffignac
Tél. : 53 50.79.54 - Fax : 53 50.80.20

Médaillon de couverture, fragment d'une peinture d'Ellen Lórien
Galerie la Licorne - 24 580 Plazac

Sommaire

Sommaire

Avec joie, reconnaissance et amour,
nous dédions ces pages à nos frères animaux
car ils en sont les premiers auteurs.

A Ellen et Franz qui ont toujours tant offert
au monde animal et qui nous ont, une fois de plus,
ouvert les bras pour la rédaction de ce livre.

« *Tant que les hommes massacreront les animaux,
ils s'entre-tueront. Celui qui sème le meurtre
et la douleur ne peut récolter la joie et l'amour.* »

Pythagore

Introduction

À notre connaissance, il existe à ce jour bien peu d'ouvrages traitant de l'âme animale. L'espèce humaine qui s'est depuis toujours penchée sur l'origine, le sens et le but de la vie, a généralement fait cela, il faut en convenir, avec un certain nombrilisme. Elle ne s'est donc intéressée qu'à son propre cas et s'est ainsi mise en marge de toute une partie de la Création.

Ce n'est cependant pas pour remédier d'une volonté toute personnelle à cet état de fait que nous avons résolu d'écrire ce livre. En vérité, comme les précédents, cet ouvrage s'est imposé à nous.

Il est le récit, strict, sans édulcorant, d'une aventure vécue en « terre animale » pendant plus de six mois.

Bien sûr, depuis longtemps déjà, nous souhaitions avoir la possibilité de porter semblable témoignage car nous nous sommes toujours sentis très proches du cœur des animaux.

Cependant, jamais nous n'avions espéré y être invités à ce point, jamais nous n'avions pensé pouvoir communiquer avec une telle intensité avec nos "plus jeunes frères".

Si ce terme de "frères" est venu prendre forme sous notre plume, ce n'est certes pas par "convention spiritualiste" mais bien spontanément. La nature de notre expérience, vous en conviendrez tout au long de ces pages, nous empêche de penser autrement qu'en termes de fraternité.

Hors de notre corps physique[1], nous sommes donc entrés en contact intime avec le monde animal, uniquement habités par le souci constant de ne rien trahir d'une expérience à la fois troublante et émouvante. Ne surtout rien trahir ! Car il s'agit d'un appel qui nous est lancé par un univers réellement ignoré de l'homme.

Nous imaginons aisément, bien sûr, les légitimes questions qui se présenteront au lecteur.

Celui-ci s'interrogera, nous le comprenons, sur l'origine, la nature et la justesse des termes employés pour la retranscription des informations recueillies auprès des dévas ou des âmes-groupes rencontrés. La vérité est qu'il existe un langage universel, parfaitement commun à toutes les consciences et le problème qui se pose n'est pas un problème de communication, mais un problème de concepts. De toute évidence, un concept ne se traduit pas par un simple mot lorsqu'il n'existe pas d'emblée dans le monde où l'on veut l'introduire.

Notre difficulté s'est située dans l'apprentissage d'une sensibilité « autre ». Nous l'affirmons donc, tous les enseignements retranscrits dans cet ouvrage sont, mots pour mots, ceux qu'il nous a été donné d'entendre. Tout au plus avons-nous jugé bon, parfois, d'en éviter les répétitions, d'en retoucher la syntaxe afin d'en faciliter la lecture et par conséquent la compréhension.

---

1 - Méthode de décorporation, ou de voyage astral (voir « Terre d'Emeraude », des mêmes auteurs). N.D.E.

On nous déclarera peut-être que les informations re-cueillies mettent en évidence un anthropomorphisme qui suffit à lui seul à les rendre erronées. A cette réflexion, nous répondrons simplement : les entités directrices de l'univers animal manifestent infiniment plus d'intelligence, au sens plein du terme, et de finesse, que nous ne saurions le supposer. Ainsi, en se présentant à nous, elles ont reflété une sagesse et une connaissance qui nous ont surpris parce qu'elles se situent au-delà de la moyenne humaine. Ces qualités ne sont évidemment pas présentes à ce degré dans un simple animal incarné, mais elles révèlent néanmoins qu'elles sont à l'état latent en lui, dans son espèce.

A titre personnel et après des mois d'immersion dans « l'âme animale », nous pouvons aujourd'hui affirmer que l'expérience relatée dans les pages qui suivent nous a conduits à un émerveillement total.

Elle nous a prouvé une fois de plus, si besoin était encore, la beauté et l'immensité de la Vie… l'universalité de l'Intelligence également.

Par Intelligence, nous n'entendons pas seulement un ensemble de capacités mentales ou intellectuelles mais aussi une profonde sagesse et une richesse de cœur inouïes.

Face à tout cela, le sentiment que nous éprouvons est celui d'une immense gratitude envers des êtres qui nous tendent "les bras", qui ont besoin de nous, tout comme nous avons besoin d'eux.

Le privilège qui a été nôtre est désormais vôtre. Notre espoir réside dans le fait que l'amour que nous avons nous-mêmes reçu sera recueilli par certains d'entre vous et à nouveau redistribué.

Il faut dès à présent que la grandeur et la noblesse du monde animal soient enfin clamées. Il faut que sa lumière nous touche. Nous sommes persuadés que celle-ci est un des chemins par lesquels nous pouvons aussi grandir. La Création est un Tout, un seul Etre, et nous ne saurions nous élever en oubliant nos plus jeunes frères.

La Divinité réside en eux tout autant qu'en nous !

Par ce témoignage, par ce livre, c'est à une véritable expansion des cœurs que nous appelons... car de cette expansion doit germer sans attendre une action concrète.

Anne et Daniel Meurois-Givaudan

Avant-propos

Quelque part sur cette terre, un soir d'automne... Il est bientôt vingt-trois heures et le disque argenté de la lune joue à cache-cache derrière le feuillage dentelé d'un flamboyant. Depuis quelques instants nous faisons halte au sommet d'une colline. Subjugués par les lumières de la baie qui scintillent entre les toits des villas et les silhouettes sombres des hibiscus, nous écoutons le chant fascinant de la nature, celui des animaux de la nuit. Comme une interminable mélopée, il semble monter du sol. Sûr de sa force, incernable, étrange mais protecteur, c'est lui qui nous a contraints à nous asseoir. Sa voix est celle de milliers et de milliers de petits êtres dont nous sentons presque palpiter les cœurs dans l'obscurité moite de l'herbe. Où sont-ils d'ailleurs ? Parmi les bouquets de feuilles... ou derrière l'écorce des arbres ?

Au pied du moindre arbuste, une vie grouillante et secrète clame sa présence à qui veut l'entendre. Mais en est-il seulement beaucoup pour l'écouter ? Peut-être sa symphonie est-elle devenue tellement étrangère à l'oreille humaine que celle-ci ne la capte plus depuis longtemps...

Qu'est-ce d'abord qu'une grenouille ? Qu'est-ce qu'un grillon ? Qu'est-ce enfin qu'un « je ne sais quoi que l'on voit à peine » et qui crisse, agrippé à un brin d'herbe ?

Et si c'était plus qu'un simple élément de décor ? Plus qu'une petite musique d'ambiance sur fond de belle moquette verte ?

Habités par ces pensées, voilà qu'un autre ordre des choses vient peu à peu s'installer en nous. Il y a comme un silence derrière la symphonie des grenouilles... peut-être le reflet de notre propre silence intérieur, peut-être davantage aussi. Celui-là est semblable à un lac au milieu de la nuit, sans une ride. Un instant notre conscience s'y arrête, hésitante comme aux abords d'un rivage inexploré. Et puis voici qu'un souffle la visite ; il est une voix profonde et puissante qui monte lentement au-dedans de nous. Il nous semble alors qu'un minuscule haut-parleur a été placé au centre de notre crâne et que « quelqu'un », en nous, a actionné son commutateur. Un être s'exprime :

« Eh bien, vous voilà enfin... dit la voix, d'un ton de reproche bienveillant... Il aura fallu tout ce temps pour que je me fraie un passage vers vous ! Déblayez encore un peu votre mental de tout ce qui l'encombre. Ne désirez rien de plus, surtout ne désirez rien ! Soyez, c'est tout... et c'est ainsi que je vous parlerai.

N'y a-t-il pas des années que vous souhaitiez établir un lien subtil avec vos frères animaux ? Alors voici que le temps en est venu.

Qui suis-je donc pour m'exprimer ainsi et pour m'immiscer dans le silence de votre âme ? Un animal ? Non pas... Plus, alors ? Pas davantage. Vous savez sans doute que le plus et le moins ne signifient rien dans le cœur de la Vie... L'homme n'est pas plus que l'animal et pas moins que l'ange. Me suivez-vous ? C'est dans cet état

16

d'esprit que nous œuvrerons ensemble, si vous le voulez, si vous acceptez de parcourir le labyrinthe de l'univers de quelques-uns de vos frères.

Qui suis-je donc enfin ? A la vérité, je n'ai pas d'identité propre. Je ne suis pas un déva[1] du monde animal ainsi que vous le pensiez déjà car je ne suis lié à aucune classe de ce monde en particulier.

Accueillez-moi plutôt comme une conscience collective, collective mais pourtant individualisée. C'est de cette façon, avec d'autres consciences, que j'agis pour l'évolution de l'espèce animale sur cette planète.

Ne soyez pas étonnés de m'entendre converser avec vous aussi simplement et directement que le ferait un de vos semblables. Est-il besoin de vous dire que l'Intelligence ne dessine pas de frontières ? Elle n'a que de multiples langages analogues à de multiples écailles, jusqu'au jour où elle est capable de se montrer nue. Son vocabulaire est alors celui de l'Universel. Ainsi, comprenez-moi, ce n'est pas vous qui m'entendez dans votre langue, c'est votre oreille qui s'est mise au diapason de mon cœur. C'est elle qui sait capter et traduire les mots qui parlent derrière les mots. C'est ainsi que nous dialoguerons... et nous le pourrons tant que votre âme saura se maintenir auprès de la mienne, c'est-à-dire dans une volonté de service, en acceptant de ne pas toujours tenir les rênes, malgré l'étrangeté des situations.

Oh, mes amis, il y a si longtemps que le monde animal n'a pas pu s'adresser au monde humain ! Des millénaires

---

1- Déva : une entité directrice, « âme-groupe » responsable de l'évolution d'un élément du règne minéral, végétal ou animal. On parle par exemple du « déva de la montagne », du « déva de la forêt », du « déva des chats » etc...

et des millénaires ! Et s'il commence à nouveau à pouvoir le faire aujourd'hui, si des portes s'entr'ouvrent, c'est parce que quelque chose change en l'homme qu'il ne faut pas laisser s'enfuir. C'est parce que l'animal aussi perçoit clairement que l'espoir et la promesse qu'il porte en lui sont de tous temps jumelés à l'espoir et à la promesse que représente l'humain. Le témoignage que nous vous demandons de relater est une célébration de ce jumelage, de cette fraternité.

Non, ne vous imaginez pas que je vous entraîne sur les chemins d'un anthropomorphisme naïf. Une patte n'est pas une main et un museau ne sera jamais tout à fait un nez. C'est… autre chose… une autre façon d'apprendre la vie, de l'expérimenter, de la parcourir, de la faire grandir, de lui rendre hommage. C'est de tout cela dont nous allons parler, de cet « autre chose » qui fait qu'aujourd'hui animaux et humains vivent trop souvent dans deux galaxies différentes, bien que sur la même planète.

Avez-vous jamais voyagé dans le regard d'un animal ? Ne me répondez pas trop vite…

Je ne vous demande pas "avez-vous déjà sondé l'œil de votre chien ?", car vous me répondriez aussitôt "oui et il a détourné la tête, baissé le museau, gêné et soumis". Non, c'est justement de "tout autre chose" dont je veux vous entretenir. En fait, avez-vous osé naviguer jusqu'au cœur d'un animal en plongeant dans l'océan de son regard ? Soyez certains qu'alors il ne baissera pas les paupières car vous entrerez dans son monde tandis qu'il se sentira invité dans le vôtre.

C'est sur ce chemin de compréhension que j'aimerais que vous me suiviez pendant quelque temps. Plutôt que de continuer à s'ignorer, à se croiser ou même à s'appartenir mutuellement, n'est-il pas grand temps que l'animal et l'homme apprennent ou réapprennent à se rencontrer ? Si un contact s'établit entre vous et moi aujourd'hui, c'est précisément parce que tout ceci ne constitue pas un vœu pieux.

Il y a des moments dans l'histoire de l'évolution des peuples et des espèces où tout peut soudainement basculer. Parce qu'on touche un certain fond et qu'il faut remonter à la surface de soi, parce qu'enfin la conscience étouffe et qu'elle éprouve un formidable besoin de découvrir un autre continent d'elle-même. L'heure présente est une de celles-ci, quoi qu'on y fasse. On peut bien retarder l'aiguille d'une montre ou même la stopper mais pas celle du Temps.

Alors, je vous le dis, l'espèce humaine ne saurait prétendre accéder à une nouvelle dimension, ni espérer atteindre un bonheur authentique et durable en voulant avancer seule dans son petit univers.

Le peuple animal, dans sa totalité, l'observe et attend un signe d'amour vrai, déclencheur d'une croissance commune. Ainsi, ce que vous allez vivre en ma compagnie est voulu afin que la page se tourne au plus vite. Voulu par qui ? Par la Vie, tout simplement ! Parce que sur cette planète, il ne faut plus seulement balbutier l'amour mais l'aider à éclore pleinement en apprenant à le partager avec tous. Comprenez-vous ce que *tous* signifie ? Il évoque aussi bien la fourmi sur le coin d'une table que le requin dans ses eaux profondes.

Enfantillages que tout cela ? Sensiblerie ? Mes paroles prendront un tout autre relief dès lors que vous m'aurez suivi un tant soit peu sur des rivages que vous soupçonnez à peine.

Ecoutez-moi bien, amis. Il ne s'agit pas de faire le procès de l'homme, égoïste et orgueilleux impénitent à la surface de cette terre, face au pauvre animal, éternelle victime exploitée. Je veux vous entraîner bien au-delà, au-delà du bien et du mal, au-delà du jugement.

Je veux vous entraîner chez nous, c'est-à dire derrière la prunelle de nos yeux, afin que vous découvriez une autre facette du monde à travers les étoiles que le Créateur y a disposées.

En dehors de vos corps physiques, vous serez bientôt les observateurs quotidiens de la vie hasardeuse d'un jeune chien. Sans le savoir, celui-ci vous attend déjà quelque part sur une route de Provence. C'est ainsi que vous apprendrez à lire le monde animal puis humain à travers ses propres perceptions... sans intervenir... juste pour que l'on sache un peu mieux ce qui palpite dans certains cœurs.

Peut-être vous faudra-t-il d'autres mots que ceux des hommes... peut-être.

C'est presqu'un défi ! Mais l'apprentissage de l'amour et de la confiance n'en est-il pas un lui aussi ?

Ainsi, vous vous laisserez faire, vous vous laisserez guider jusque là où seules des pattes se posent. C'est tout.

Songez à ces créatures qui, d'un seul élan, sautent dans la voiture de leurs « maîtres » dès qu'une portière s'ouvre ! Où vont-elles aller ? Elles l'ignorent... mais elles y vont. Il n'y a pas là de stupidité, seulement un noble abandon et une confiance qui font encore défaut au genre humain dans son ensemble.

Bien sûr, amis, je ne serai pas votre « maître » tout au long de ce voyage en galaxie animale, mais je vous demanderai le même lâcher-prise et la même faculté d'adaptation, à vous qui écrirez, puis à tous ceux qui vous liront.

Ne faut-il pas commencer à donner, n'est-ce pas, si l'on veut recevoir ? Donner sa confiance, c'est un peu vider une cruche trop gorgée de soi-même afin d'y accueillir l'amour de l'autre.

Alors, êtes-vous prêts pour la traversée ? »

Chapitre premier

Tomy

Deux ou trois jours se sont paisiblement écoulés depuis que la « conscience animale » – mais faut-il la nommer ainsi ? – nous a dévoilé ce que nous appelons déjà notre « feuille de route ». Deux ou trois jours d'interrogations, de réflexions, d'enthousiasme aussi pour un tâche déroutante face à laquelle nous nous estimons un peu démunis. Dans le chant automnal des grenouilles et des insectes de la nuit tombante, nous avons un instant cherché un autre contact, quelques indications de plus. Mais rien. Rien n'est venu reprendre ou compléter la demande qui nous a été faite. Il faut donc qu'il soit déjà là, ce lâcher-prise... Il faut l'expérimenter une fois de plus.

C'est précisément en pénétrant toute sa signification qu'aujourd'hui, aux premiers rayons du soleil, une force est venue chercher nos deux âmes au fond de leurs corps engourdis. Aucun moyen d'y résister. C'est un appel puissant qui nous propulse au-delà de notre réalité physique avec une douce sensation de fraîcheur... Une perception que nous connaissons bien, mais qui, à chaque fois, s'exprime en une joie nouvelle...

Voilà, maintenant nos corps de chair ne sont déjà plus qu'un souvenir abandonné quelque part...

Bientôt pénétrés d'une clarté blanche, des rubans d'asphalte, des champs et des villes défilent à une vitesse vertigineuse en dessous de nous. Des collines boisées, une ribambelle de sommets arides, des vignobles roussis. Tout se condense en quelques secondes, tel un film qui se déroulerait à une allure folle. Et puis soudain, voilà que notre course s'arrête, sans un bruit ni même un souffle, presque hors du temps.

A n'en pas douter nous sommes en Provence et c'est le petit matin. Une humidité fraîche semble monter du vallon au-dessus duquel nous avons stoppé notre avance. De-ci, de-là, dans une lumière bleutée, quelques touffes de romarin et des épineux sont le jouet d'un vent qui se lève. Au cœur de cette sobriété, au-delà d'un petit bois de pins maritimes, il y a aussitôt comme un bruit sourd, ou plutôt un bourdonnement irrégulier qui vient nous chercher. Il provient de la ligne grisâtre d'une route où quelques voitures se suivent à vive allure. Mais ce n'est pas ici qu'il nous faut demeurer, non. Quelque chose nous aimante un peu plus loin encore. C'est bien ce serpentin de bitume gris que nous devons rejoindre mais, là-bas, derrière ce bouquet d'arbres au feuillage rare.

Il y a en cet endroit un petit halo de lumière argentée, facilement perceptible aux yeux de l'âme. Le long de la route, sur une aire de stationnement protégée par une maigre pinède, nous apercevons une tâche métallique bleue,

24

celle d'un véhicule, toutes portières ouvertes. Son conducteur, un homme d'une bonne trentaine d'années, se tient à quelques pas et s'étire en baillant.

« Mais taisez-vous un peu ! » fait-il sèchement en se penchant vers l'arrière de la voiture.

En une fraction de seconde, nos deux consciences sont comme aspirées par l'habitacle du véhicule et découvrent une jeune femme qui tente de calmer un nourrisson qu'elle porte dans les bras, puis à l'arrière, deux petites filles qui chahutent, un pétillement d'espièglerie dans les yeux. Prises par leur jeu et leurs cris, celles-ci n'ont pas réagi à l'appel de leur père qui roule déjà des yeux en se dirigeant vers la portière de son épouse.

« Je te l'avais dit... c'est la dernière fois que je pars à cette heure-ci. Mieux vaut rouler de nuit avec ces trois-là ! Il n'y a que le chien qui soit normal ici ! »

Le chien ? Nos regards fouillent le véhicule... En effet il y a bien un chien, jeune encore semble-t-il. Il se tient tassé dans un coin en bas de la banquette arrière du véhicule et tente d'éviter les jeux de jambes turbulents de l'une des petites.

« Est-ce lui, nous demandons-nous sans attendre, est-ce lui dont il va falloir pénétrer la vie ? »

Mais notre question demeure sans réponse, submergés que nous sommes par les chamailleries des fillettes qui tentent de s'arracher un ballon de baudruche rouge.

« Il est jeune, nous faisons-nous mutuellement la remarque, comment pourrait-il nous apprendre... »

Soudain... une déflagration dans le véhicule. Voilà que l'une des fillettes, bouche-bée, tient dans une main les restes pitoyables du ballon qui vient d'exploser. Aussitôt c'est la panique pour le jeune chien. Affolé, il saute sur les petites et bondit hors de la voiture. Hormis les enfants qui se mettent à hurler de concert, personne n'a rien vu. Tout est allé si vite !

« Tomy, Tomy ! » crie maintenant l'une des fillettes cherchant entre deux sanglots à s'extirper du véhicule.

« Que se passe-t-il, qu'est-ce qu'il a Tomy ? » soupire, excédée, la jeune femme qui vient de poser son nourrisson sur le siège du conducteur.

Dehors cependant, l'homme vient de comprendre car déjà, entre deux voitures, il a traversé la route.

« Non, par là, par là ! » lui hurle l'une de ses filles, puis l'autre. Hélas, les cris des deux gamines, paniquées, sont contradictoires. Est-ce la garrigue ou ce bout de pinède juste à côté ?

« Rentrez vite dans la voiture et surtout ne bougez pas » ordonne la jeune femme qui, en se mordant les ongles, observe son mari traversant une nouvelle fois la route. « Ne vous inquiétez pas, on va le retrouver... »

« Le retrouver... le retrouver... je voudrais t'y voir ! »

Hors de lui, l'homme part alors d'un pas nerveux en direction du bosquet et appelle son chien.

Flottant maintenant au-dessus du véhicule, nos deux âmes impuissantes ne peuvent qu'assister à la scène.

« Ah, si nous le pouvions... » Combien de fois ne l'avons nous pas prononcée cette phrase ! Comme il est souvent difficile d'admettre que l'on ne peut pas nager à contre-courant d'un fleuve ! Peut-être faut-il réellement que Tomy parte ?

« Oui, il faut qu'il parte... »

C'est la voix, la voix que nous avons tant espérée depuis trois jours. Elle vient à nouveau de se faufiler en nous avec une sereine assurance.

26

« Suivez-moi, prenez simplement un peu d'altitude...
dans tous les sens du terme. »

La suivre ? Mais comment le pourrions-nous ? Elle
n'est pour l'instant pas autre chose qu'une présence claire
et précise qui s'exprime au-dedans de nous.

« Voilà, montez... élevez-vous au-dessus de ce bosquet. Ne vous laissez plus captiver par les difficultés de
cette famille semblable à tant d'autres. Ceci n'est qu'un
épisode de sa vie, un peu mécanique, un peu banale... et
elle aura tôt fait de l'oublier. Non, c'est Tomy qu'il vous
faut suivre. Apprenez d'ores et déjà à le ressentir... Fouil-
lez l'espace avec votre cœur ! »

Alors, la conscience vide, presque transparente, prête à
découvrir quelque autre visage de l'univers, nous suivons
paisiblement les conseils prodigués. Et avant même que
d'apercevoir Tomy, il nous semble entendre son halètement
car il n'y a pas de mur, pas de distance pour les oreilles de
l'âme. Mais voilà... voilà que le jeune chien nous apparaît
bientôt. Nos regards sont attirés par une boule de poils
immobilisée dans un taillis, parmi les épineux.

C'est un coin de garrigue juste à l'opposé du lieu où
l'homme cherche encore. Tomy se tient là, comme terré,
médusé, toujours tremblant sur ses pattes. Il n'écoute
rien... La voix de son maître parvient-elle d'ailleurs jusqu'à lui ? Il a couru si vite ! Pour l'heure, autour de lui il
n'y a guère que le vent qui souffle dans les broussailles.
Timidement, il relève enfin le museau, peut-être pour
tenter d'y humer quelque présence.

Mais, cependant que notre esprit continue d'expérimenter une totale disponibilité, presque une vacuité, il nous
semble déjà que des impressions de petites étincelles co-
lorées telles des images essaient avec force d'y faire irrup-

tion. Et puis soudain c'est une parole, une interrogation qui explose littéralement au-dedans de nous.

« Pourquoi m'ont-ils fait cela ? Pourquoi ? »

Est-ce donc le chiot qui s'est exprimé ainsi ? Et, nous questionnant de la sorte, nous nous fournissons quasi instantanément notre propre réponse, négative.

« Non, non... Comment... ? »

Non pas que nous mettions en doute la capacité de reflexion d'un animal, mais une question aussi nettement formulée...! D'ailleurs, la voix nous l'a bien précisé, l'autre soir... Pas d'anthropomorphisme ! Le phénomène pourtant se reproduit. Au milieu d'un éclair coloré où mille choses semblent se mouvoir simultanément, une nouvelle question, une nouvelle peur viennent s'imprimer en nous :

« Pourquoi ? On ne veut plus de moi ? »

Cependant, à quelques mètres au-dessous de nos corps subtils, nous voyons la petite silhouette de Tomy tenter de s'aplatir sous les épineux. De temps à autre elle est encore secouée par un tremblement incœrcible. Enfin, bruyamment, l'animal tente d'avaler une salive qui se fait rare. Quel âge peut-il donc avoir, ce petit être ? Certainement guère plus de huit ou dix mois. Avec son pelage ras aux reflets de sable, un peu duveteux par endroits, avec sa charpente solide et ses oreilles charnues, il évoque le labrador... mêlé sans doute à un autre sang.

« Et pourquoi ne se questionnerait-il pas ainsi ? »

C'est la voix de la présence-guide animale qui vient, une fois de plus, habiter au centre de notre être.

« Le langage, sachez-le bien définitivement, n'est pas le propre de l'homme ! Il faut seulement convenir du fait qu'il y a langage et langage. Le vôtre est fait de mots régis

28

par une certaine logique. Cependant il ne traduit jamais qu'une façon d'observer, puis de transcrire la réalité de l'être. Alors, voyez-vous, si vous voulez me suivre, défaites-vous de vos habitudes mentales et allez beaucoup, beaucoup plus loin... »

« Mais ce sont pourtant bien des mots que nous avons entendus ! »

« Ecoutez-moi, amis... Vous avez perçu des mots et une interrogation. Mais c'est votre conscience, ou plutôt ce qu'il y a de supra-conscient en vous, qui a joué l'interprète à votre insu. Ce supra-conscient a capté des images émises par Tomy, aussi vives et précises que l'éclair, des images habitées par un questionnement, par une peur, une incompréhension et en a aussitôt fait des mots, aussi colorés, aussi justes que l'était la pensée qui les a inspirés. C'est ainsi, sur cette base, que s'établira toute communication entre vous et le monde animal. Il n'y a rien d'exceptionnel à celà. C'est le schéma universel de tout contact qui ne passe pas par un langage commun. Vous pourriez expérimenter ceci à d'autres degrés et de façon analogue, non seulement avec d'autres règnes de la Création, mais aussi avec d'autres espèces humaines évoluant sur les autres niveaux de la Conscience. Il suffit pour cela que vous déployiez votre cœur, que vous fassiez en lui une place, aussi grande que possible, à l'amour et à la volonté de partage. A l'amour, ai-je dit, mais aussi à une certaine qualité de silence, ou si vous préférez, de non-agitation mentale. »

Brusquement, faisant songer à de petits claquements sourds, des bruits de portières qui se ferment viennent troubler la sphère même de notre écoute. Mus par un réflexe incontrôlé, nos corps subtils s'élèvent alors à une vitesse fulgurante au-dessus des bosquets et de la garrigue. Derrière les pins, nous distinguons immédiatement une petite tâche bleue baignant dans un halo grisâtre, celle d'une voiture qui démarre lentement. Incapables de la moindre pensée, nous la voyons maintenant se mêler à d'autres sur le serpent gris du bitume puis se perdre derrière les pinèdes.

« Voilà… Voilà donc… » nous entendons-nous murmurer au plus profond de notre être.

Et tout se passe comme si la solitude soudaine de Tomy venait d'un coup nous frapper en pleine poitrine, comme si également nous nous sentions responsables de quelque chose… peut-être un peu en charge de son avenir.

« Pourrons-nous le guider ? En avons-nous seulement la possibilité, le droit ? »

Ces quelques pensées nous servent de fil directeur pour rejoindre le chiot dans le creux inconfortable de son fourré. L'œil toujours un peu hagard mais la respiration toutefois plus paisible, il paraît manifestement n'avoir toujours rien compris à ce qui s'est produit.

Suivant alors les conseils qui nous ont été prodigués, mobilisés aussi par une réelle compassion naissante, nous tentons de nous laisser pénétrer par l'ambiance intime de l'animal. Non pas de puiser dans sa conscience ou dans les replis de son aura, mais de nous laisser absorber, inviter par elles.

Au bout de quelques instants, tandis que Tomy hume l'air de plus belle et cligne des paupières comme pour trouver une quiétude croissante, une déflagration sourde, lointaine, venant presque d'un autre espace mais pourtant si présente, fait irruption en nous. Nous pensons au ballon de baudruche rouge de la fillette turbulente. Il nous semble

30

que son explosion est encore là, quelque part dans l'éther ambiant de ces arpents de garrigue. Il nous semble – mais c'est bientôt une certitude absolue – qu'elle est encore présente, tel un coup de tonnerre, à l'image d'une menace imprimée dans la pensée de Tomy.

« C'est ainsi, reprend la voix-guide. Si la conscience animale vit essentiellement l'instant présent, elle est aussi parfois fortement impressionnée par un événement qui la dépasse. Elle s'immobilise alors, centrée pour un temps autour de cet événement, générant sa réalité un certain nombre de fois au cœur d'elle-même.

Dans votre langage vous utiliseriez sans doute l'image d'un disque rayé, reproduisant toujours le même son.

La déflagration soudaine et lointaine que vous venez d'entendre a bien été perçue également par Tomy. L'élément éthérique dans lequel nous vivons tous lui est aisément accessible. Dans de telles circonstances, sa fragilité émotionnelle de petit animal lui ouvre toutes grandes les portes de ce monde qui enregistre tout, ainsi que le ferait une plaque sensible. Il faudra quelques jours pour que l'explosion du ballon se désincruste de sa mémoire auditive.

Cette capacité de relecture d'un événement, voyez-vous, est une des caractéristiques de l'univers animal proche de l'homme. Elle lui est accessible dans l'apprentissage du monde émotionnel au sens le plus complet du terme.

Cet aspect répétitif d'un événement fort du passé qui s'en vient le visiter jusque dans son présent représente à la fois un handicap et une chance pour lui. Comprenez bien... Un handicap parce qu'il nourrit des peurs, mais une chance aussi parce que l'apprentissage de l'univers des émotions constitue un pas important dans la germination de la conscience individuelle. Ainsi, par la répétition machinale, intérieure, de ce qui a généré sa frayeur, Tomy prend à l'instant même plus pleinement conscience de lui en tant qu'être indépendant. Il apprend, à son propre insu, à se sentir plus individualisé au milieu même du monde. Je dirais qu'il apprend à se penser en tant qu'être à part entière, isolé des autres. Cela représente toujours une étape douloureuse dans l'éveil de la conscience mais une étape, ô combien nécessaire.

La majorité des humains ne l'ont pas eux-mêmes totalement franchie. Ne sont-ils pas encore facilement les jouets de pulsions collectives qui les empêchent d'agir en tant qu'individus autonomes ? Et ce problème d'incrustation sonore qui paralyse encore Tomy, n'est-il pas lui aussi vécu par vos semblables, à leur façon ? En effet, dites-moi, combien d'hommes et de femmes ne sont-ils pas toujours enlisés de façon obsessionnelle dans des événements ou des schémas du passé ? Les kystes mentaux et émotionnels sont des traces que l'on rencontre chez toute âme qui n'a pas encore fait le tour de sa propre identité.

Mais revenons à l'âme de Tomy, mes amis... Oui, c'est la première fois que j'utilise ce terme pour parler de lui...

En effet, c'est vers l'essence même de sa vie que je souhaite attirer votre regard durant les mois à venir. Vous le verrez, il faut accepter d'aller voir ce qu'il y a derrière l'animal pour comprendre celui-ci. Il faut cesser d'en être l'observateur qui s'attribue le droit de juger de tout, mais en devenir au contraire le compagnon de pélerinage sur cette Terre. »

Tomy, pendant ce temps, vient de s'extirper de son taillis. L'échine basse, il se met à flairer le sol puis de minuscules fleurs sauvages accrochées à une rocaille. Etrangement il s'y attarde, tourne autour d'elles, décrit quelques vagues cercles près d'un amas de pierres puis s'asseoit et scrute le ciel en haletant de plus belle.

« Lorsque l'on est seul, on se cherche des amis, n'est-ce pas ? reprend la voix. Eh bien, c'est ce que fait tout animal isolé. Et celui-ci sait d'emblée que l'ami n'a pas nécessairement une apparence analogue à la sienne. Il sait que le ciel, la terre et tout ce qui s'y trouve tentent constamment de lui parler et qu'ils sont même très bavards. Ce n'est pas son "instinct", ainsi que le disent les hommes, qui lui procure cette vision des choses. C'est la Nature en personne, dans ses innombrables manifestations, qui le lui enseigne. D'ailleurs, qu'est-ce que l'"instinct" ? Est-il un mot plus stupide ? Il fait partie de ces termes avec lesquels on croit avoir tout expliqué... Une sorte de fourre-tout pratique. Mais si on prenait conscience que cet "instinct" est une science du contact, une science de la communication, l'appelerait-on encore ainsi ?

Regardez Tomy. S'il continue de flairer quelques branches d'asphodèles, ce n'est pas parce qu'il en apprécie particulièrement le parfum, ni qu'il commence à "vagabonder", inconscient de tout. C'est parce que son cœur de jeune chien se souvient que la vie est en elle aussi bien qu'en lui, qu'elle en capte une dimension puis en retransmet une autre qui, peut-être, l'informera. Ainsi, l'odeur que dégage une plante ou une pierre condense une foule de données qui échappent totalement à l'homme.

L'animal qui la déchiffre apprend presque instantanément quelles sont ses chances de vie ou de survie dans le milieu où il se trouve. Il peut évaluer le taux d'humidité de celui-ci, son climat et finalement son aspect hospitalier ou hostile. Je vous l'ai dit, il s'agit d'une science de l'écoute, profondément logique. Tout animal sait ce que signifie la

Force de Vie car il la capte partout. Il en voit et en sent la respiration à la surface de tout ce qui se présente à lui. Généralement il la perçoit sous forme de pétillements colorés et de supra-odeurs au cœur desquels il peut puiser ainsi que vous le feriez avec une encyclopédie.

Regardez donc agir Tomy. En tant que faculté, son odorat est plus aigu que ne saurait l'être votre vue.

Observez particulièrement les lichens qu'il flaire en ce moment. Du monde où vous êtes, il vous est aisé d'en noter toutes les subtiles vibrations. Allons, abandonnez-vous, acceptez de vous laisser un instant capturer par elles. »

L'idée ne nous en avait jamais été suggérée de façon aussi insistante... Les yeux de notre âme, avec la précision d'un microscope, se mettent alors, presque aussitôt, à voyager à la surface des quelques grosses pierres jaunies par le temps auprès desquelles s'attarde le jeune chien.

La lumière subtile, l'essence vitale dégagées par le lichen qui s'y accroche, nous font immédiatement songer à une myriade de minuscules jets d'eau, tous plus blancs et plus argentés les uns que les autres. C'est l'image même de la surface du soleil, avec ses continuelles éruptions, qui nous vient aussi à l'esprit. Dans chacune des protubérances qui en jaillissent puis s'éteignent l'instant d'après, il nous semble deviner de véritables capteurs-émetteurs d'une vivacité extraordinaire.

« C'est cela, elles sont analogues à des tentacules, à mi-chemin entre le dense et le subtil. Tout végétal présente à la surface extrême de son rayonnement éthérique de semblables pulsations de vie qui dressent en quelque sorte la carte d'identité du lieu où il se situe. »

Pour la première fois depuis que la présence-guide nous a contactés, deux questions clairement formulées en nous nous obligent à sortir de cette sorte de réserve qui faisait essentiellement de nos êtres de simples témoins.

« Est-ce cette seule perception qui peut aider un animal ? C'est donc ainsi que celui-ci oriente sans cesse son existence ? »

« En partie, mes amis, seulement en partie... Cela, c'est la base. La carte topographique, le baromètre dont il a besoin et qu'il consulte sans cesse. Cette attitude représente en fait une communion continuelle avec le milieu ambiant. De par la subtilité des forces auxquelles elle fait appel, elle porte obligatoirement en elle quelque chose de sacré, de respectable. Tomy et tous ses frères animaux ne consultent pas la nature vibratoire d'un lieu de façon aussi mécanique que vous le feriez avec le cadran d'une montre, d'un hygromètre ou d'une boussole. Si un tel comportement relève d'un réflexe, ce réflexe ne les coupe pas du rapport privilégié qu'ils entretiennent constamment avec la Source de Vie. C'est là que se marque toute la différence.

Pourtant, ainsi que je vous le disais, cette dimension aussi facilement appréhendée par la nature animale ne représente qu'un des aspects de ce qui la guide, son aspect... horizontal.

Il en existe maintenant un autre, plus fin, qui demande que la conscience s'expanse davantage. C'est précisément lui, en cet instant même, que Tomy, confusément, tente de développer. Regardez-le s'asseoir sur son train arrière. Vous jureriez qu'il cherche à humer quelque odeur dans le vent, mais laissez-vous plutôt prendre par ses yeux qui se ferment à demi. Ils traduisent autre chose. Oh, certes, le vent va lui donner la direction précise d'un petit ruisseau qui chante à un ou deux kilomètres d'ici... mais pour l'heure ce n'est pas de cela dont il a besoin. Il cherche à rejoindre… sa dimension verticale. »

Sur ces paroles offertes avec une surprenante douceur, la voix paraît maintenant s'éteindre au-dedans de nous. Elle nous laisse totalement face à Tomy, absorbés par son aura de jeune chien, pétillante d'un mélange d'interrogation et de désarroi.

Intuitivement, nous devinons qu'il nous faut presque faire corps avec elle si nous voulons mener à bien la tâche demandée. Et faire corps avec elle, c'est faire abstraction de nos désirs, de notre volonté, de notre logique humaine.

De temps à autre, nous voyons encore Tomy tressaillir, sans raison apparente, puis trembler sur ses quatre pattes. Est-ce le bruit du ballon éclaté qui vient encore le visiter ? Nous voyons bien qu'il se passe en lui une foule de petits événements… ou de prises de conscience auxquelles nous sommes étrangers et qu'il nous faudrait savoir décrypter.

Le ronronnement des voitures sur la route, à quelques centaines de mètres, ne semble pas, quant à lui, l'affecter. Parfois, ses oreilles s'orientent une seconde ou deux dans sa direction, mais guère plus. Assurément, cela ne le concerne pas. Nous savons qu'il est en quête d'un autre fil d'Ariane.

Bien haut dans le ciel encore laiteux, un rapace a poussé son cri étrange. Alors, comme si c'était pour lui un signe, Tomy se lève enfin et d'un pas mal assuré commence à se faufiler entre les touffes de lavandin et les épineux. Sa démarche est un peu gauche mais il paraît savoir où aller et nos deux âmes le suivent, ne pouvant faire mieux que de partager son infortune.

De temps à autre, alors que nous nous abandonnons complètement à sa présence, un mot bref, une question, issus de sa conscience, viennent nous rejoindre.

36

« Par là ? Oui ? Plus loin... encore... »

Puis ce sont des images qui viennent s'enchevêtrer comme un chapelet un peu incohérent. Celle de la voiture bleue, puis d'une fillette qui crie, enfin le contour imprécis de quelques fleurs blanches au ras du sol et le claquement d'une série de portières presque gommé dans le lointain.

Soudain Tomy s'arrête, haletant et ne sachant manifestement plus où diriger ses pas. L'a-t-il, d'ailleurs, réellement jamais su ? Peut-être l'avons-nous cru à tort...

« Il l'a su, soyez-en certains ! »

La voix est toujours là, au-dedans de nous, fidèle et impassible, seule maîtresse d'une destination dont il nous faut accepter de ne toujours rien savoir.

« Vivez la confiance, l'instant présent... la seconde qui s'offre à vous ! Si vous voulez dialoguer avec son âme, il n'y a pas d'autre solution.

Oui, mes amis, je vous le disais... Pendant quelques minutes Tomy a su où il allait. Il ne pouvait clairement le formuler mais, comme tout animal livré à lui-même, il était doté d'une vision précise de sa route... ou plus exactement, il savait très bien là où il ne devait pas aller, c'est-à-dire là où la vie ne l'attendait pas. »

« Pourtant, ces sortes d'hésitations à travers les buissons, tantôt à droite, tantôt à gauche, cette ascension hasardeuse en haut d'un tertre, tout cela n'est-il pas le reflet d'une errance ? »

« C'est le reflet d'une autre conception du monde. La ligne droite représente une pure vision de l'esprit humain incarné. La conscience animale ne lit pas le monde selon le principe d'une telle ligne. Elle décrypte son itinéraire selon la nature des plus infimes courants telluriques, selon les messages ou les présences que d'autres y ont laissés.

Elle n'a que faire de ce que vous appelez la logique ou la rapidité. Elle lit son chemin, comme vous lisez un livre. C'est l'intensité du vécu qu'elle y cherche, non pas la vitesse de déchiffrage, comprenez-vous ?

Ainsi, Tomy savait où il allait parce qu'il avait réussi à se connecter à son être vertical. En d'autres termes, il s'était relié à une dimension de lui-même qui a la claire vision des nécessités de son évolution et de son devenir. Si Tomy était un homme, je vous dirais qu'il a prié et qu'il a reçu selon la transparence de son cœur. Croyez-vous qu'une prière se véhicule toujours à l'aide de mots ? Elle est avant tout, sachez-le, une onde de Lumière, pareille à un faisceau de pur cristal qui jaillit de la conscience. »

A l'instant même où la voix achève de nous confier ces paroles, Tomy lance une petite plainte puis un long soupir et s'affale sur le sol, l'air las. A son attitude d'abandon, nous comprenons qu'il cherche à somnoler, lové dans la courbe d'une branche sèche. Est-ce par découragement ou par sagesse ? Le museau dans la poussière du sol, le voilà maintenant qui ferme les paupières comme pour basculer délibérément dans le monde de l'oubli, là où tout s'aplanit.

Bien qu'il n'y ait guère plus d'une heure que nous sommes à ses côtés, nous nous sentons infiniment proches de lui.

Est-ce la discrète proximité et cette tendresse spontanée que nous éprouvons pour lui qui modifient insensiblement notre état de conscience ?

Nous ne saurions le dire. Toujours est-il qu'il nous semble être peu à peu enveloppés, absorbés par une onde blanche qui s'échappe du jeune chien. C'est une vapeur lumineuse dans laquelle nous reconnaissons la présence de son âme, une vapeur qui entraîne nos deux êtres et les invite à l'intérieur même de son prisme.

38

Soudain, tout se métamorphose. Nous croyons être aspirés vers le haut en même temps que dispersés dans toutes les directions de l'univers. Il n'y a plus de garrigue, plus de pinèdes battues par le vent et le petit corps de Tomy s'est estompé. Tout a été balayé par une pluie de poussière couleur argent, par une bourrasque intérieure qui nous laisse face... à une forme.

C'est une silhouette d'abord imprécise, gigantesque et d'une blancheur totale. Il nous semble qu'elle nous dépouille de nos pensées et prenne un étrange plaisir à nous scruter. Cependant nous percevons une sorte de halètement au-dedans de nous-mêmes, un souffle court qui nous habite comme si nous faisions corps avec Tomy. Alors, quelque part, du cœur de la silhouette immaculée, deux yeux émergent, à la fois fermes et tendres. Ce sont deux yeux qui n'ont rien d'humain et dans lesquels, sans en comprendre la raison, nous sentons vivre simultanément des milliers et des milliers de regards. Ils ont la couleur de l'aigue-marine et reflètent d'autres horizons que ceux de la Terre.

« D'autres horizons que ceux de la Terre... ? »

La seule pensée qui emplit notre âme vient de nous être renvoyée aussitôt, telle une question amusée.

Cependant les yeux continuent de nous scruter avec la même insistance, et comme ils se sont faits à la fois plus pétillants et plus doux encore, nous comprenons que la question est venue de la Force qui les anime.

Et une nouvelle fois, celle-ci reprend :

« D'autres horizons que ceux de la Terre ? Mais pourquoi donc ? Ne cherchez pas au-delà de cette Terre... il y a tant et tant d'espaces en elle vers lesquels vous n'avez pas encore marché ! Voulez-vous me suivre, ne serait-ce qu'à leurs frontières ? Je suis l'âme collective de tous les Tomy de votre monde, la conscience-groupe qui imprègne et dirige la vie de tous les êtres de son espèce.

Non... stoppez vos pensées qui déjà s'agitent et tentez de vous représenter ce que cela signifie. Je suis le père et la mère de millions de petites âmes qui ont adopté quatre pattes et un manteau de poils. Je vis à travers elles et elles grandissent à travers moi. Elles traversent leur vie, reliées à ma conscience comme par un cordon ombilical et je leur offre toute la connaissance, tout la sagesse dont elles ont besoin. Proposez un peu d'amour à Tomy ou à l'un de ses semblables et je ressentirai celui-ci comme s'il m'était destiné.

Concevez ce présent contact avec ma réalité, en tant que privilège... mais tout privilège peut être lourd à porter. Il l'est souvent d'ailleurs... puisqu'il rend un peu plus vecteur de croissance, c'est-à-dire plus responsable.

Les forces directrices de l'univers animal lancent un appel pour que tout change, voyez-vous. C'est pour cela que vous vous trouvez ici et que Tomy s'est égaré, pour que vos frères animaux – juste un peu plus jeunes que vous sur le sentier de la Vie – puissent faire miroiter sous le soleil toute la noblesse qui les anime. »

L'être aux yeux d'aigue-marine s'arrête quelques instants puis reprend d'un ton semi-facétieux :

« Non, non... Chassez de vos esprits le terme de divinité !

Je ne suis pas une divinité à laquelle une certaine race d'animaux va s'adresser ! La Divinité dont ils connaissent par essence la réalité, ils savent qu'ils La respirent à chaque instant de leur vie. Je suis seulement leur boussole, leur réservoir de connaissance, l'intermédiaire entre Ce qui n'a pas de nom mais qui pulse en eux et leur destination. Il faut que vous pénétriez au cœur même de cette notion !

…Car il fut un temps où vous, les hommes, étiez connectés à une conscience telle que la mienne. Depuis, vous avez appris à choisir et vous avez oublié une connaissance pour en expérimenter une autre. Vous dites avoir grandi, mais vous ignorez que cette croissance est fondée sur un oubli. Votre passé vit toujours en vous… de même que le futur des animaux palpite déjà en eux. Défaites-vous donc de cette notion de "frère aîné" et de "frère inférieur". Seule l'idée de fraternité représente une réalité stable et significative.

Regardez-moi bien… Regardez ces deux yeux qui, il y a quelques instants encore, vous interpellaient tant. Ils sont bel et bien animaux, beaucoup plus animaux même que ceux du petit Tomy qui lit dans la poussière des chemins. Ils reflètent la vie de millions de ses semblables, ressentent et traduisent leurs pulsions, leurs peurs, leurs bonheurs, leur transformation aussi. Je suis la figure de proue et la vigie de leur navire collectif. Je les mène dans une infinité de ports et, à travers eux, je connais les vagues de la mer, j'en recueille l'écume puis, en retour, je leur en distribue une nouvelle fois l'essence.

Je sais où va chacun d'eux parce que les écueils où ils se heurtent sont également les miens, parce qu'ils sont comme les cellules de mon propre corps.

En cet instant où je m'adresse à vous, je suis également présent sur une infinité de routes, derrière les grillages de milliers de chenils, sous les toits d'une myriade d'habitations humaines, à la fois tenu en laisse et gambadant en toute liberté. Comprenez-vous pourquoi je suis souffrance et joie, pourquoi je vis simultanément docilité et rébellion ? Je suis l'âme de mon peuple, sa liaison avec la Divinité, son tremplin vers son propre devenir ! »

L'immense Présence cligne soudain les yeux avec une lenteur qui fait de son geste quelque chose de sacré, quelque chose qui trace un sillon indélébile dans nos mémoires.

Puis toujours lentement et avec tendresse, elle reprend :

« Savez-vous combien il y a de pas de l'animal à l'homme ? En vérité très peu. Soyez-en certains, infiniment moins que de l'homme à... ce qui le précède. Nous autres, animaux, sommes étroitement liés au Soleil... Oh, non pas simplement à cet astre qui illumine la Terre, mais au Principe dont il est issu, à l'Essence qui l'anime. Tout ce qui a été crée dans l'Univers des univers a été généré, voyez-vous, au cours des périodes de vies successives, que l'on appelle parfois *Grandes Vagues de Création*. Chacune d'elles, à l'image des mois de l'année, a sa propre caractéristique. La nôtre est habitée par un certain feu... Oui, le feu du Soleil, celui de la Compassion et du Don... C'est lui qui s'est stabilisé en mon cœur depuis le commencement des Temps animaux et c'est lui qui fera croître toutes les cellules de mon être éparpillées de par le monde. C'est lui que je distille jour après jour et c'est par lui que ma conscience s'offre un peu plus, d'âge en âge, à la matière.

Mais n'attendez plus... rejoignez maintenant Tomy, là est votre place... car j'ai fait surgir en lui l'image d'un mas au milieu des vignes. Laissez-vous faire, laissez-vous aimanter de la sorte également. Ce mas est accroché à un coteau non loin de là où vous avez laissé une petite boule velue lovée sur elle-même... »

Aucune pensée, aucun son ne parviennent plus à émerger de nous. La Présence et son regard aigue-marine s'estompent soudain, nous laissant avec cette sorte de poids au cœur que l'on éprouve parfois au réveil, persuadés que nous sommes alors d'abandonner une lumière derrière soi.

Aussitôt un voile se déchire en silence autour de nous et c'est Tomy qui nous apparaît à nouveau, fièrement campé sur ses quatre pattes. Le voilà bientôt qui secoue la poussière de son échine, flaire quelque trace au sol puis se précipite vers un tertre couvert de broussailles. Désormais, un schéma est inscrit en lui... Il semble investi d'une soudaine certitude et d'une assurance étrangère à son âme de chiot. Au-delà des effluves de la terre colportés par le vent, *quelque chose* lui dicte sa route.

Alors, dans la fraîcheur matinale, apparaît enfin, derrière une rangée de cyprès, une grosse bâtisse et ses toits de tuiles aux formes arrondies. C'est un vieux mas de pierre et son modeste vignoble, c'est un portail en ruine et son anneau de pierre où jadis on attachait l'âne...

Chapitre II

Entre les murs d'une grange

Désormais, nos deux âmes sont seules, seules face à une bâtisse un peu lourde dans une campagne aride, et face à un jeune chiot qui trotte d'un pas décidé sur l'étroit sentier qui y mène.

Nos présences-guides semblent avoir disparu à tout jamais, comme emportées par un mistral qui souffle de plus belle.

Nous demeurons là quelques instants, absorbés par la magie austère des lieux. Tantôt, c'est un vieux pressoir abandonné dans les ronces qui retient nos regards, tantôt une roue de charette ou une toile d'araignée tendue dans l'angle de la grange, puis Tomy qui fouille bruyamment de son museau les moindres recoins du portail.

Tels deux cerfs-volants oscillant dans toutes les directions, nos êtres observent la scène, sans désir, sans volonté propre mais de plus en plus habités par une sorte de doute... Que signifie tout cela ?...Un jeune chien s'est perdu, soit ! Mais toutes ces paroles entendues, ces présences et ce regard si fort, si clair ?... Tout s'est évanoui si vite et la conscience humaine est si aisément visitée par les prismes déformants de l'existence ! Et puis, comment dire cela ? Comment relater l'incroyable, l'invraisemblable ? Qu'un désincarné ou qu'un Etre de Lumière s'exprime, cela se conçoit encore mais qu'un animal le fasse avec tant de facilité, tant de puissance !

Peut-être vivons-nous simplement ce genre d'expérience qu'il faut savoir garder jalousement pour soi, dans le secret de son cœur ? Peut-être...

Mais, comme pour couper court à tous nos doutes, un halètement puis une voix font une nouvelle fois irruption en nous. Tomy, qui s'est arrêté de fouiller les murs mangés par les ronces, a levé d'un coup le museau vers le ciel, presque dans notre direction.

« Où sont-ils ? » articule une voix au-dedans de nous... Et l'image fugitive de quelques regards fauves nous traverse comme l'éclair.

« Où sont-ils ? » reprend-elle aussitôt avec une force qui traduit une volonté inébranlable. Cette fois, l'armée de nos doutes s'en est enfuie, mise en déroute par l'évidence. Il y a bien une intelligence derrière tout ceci. Une réelle intelligence qui vient à notre rencontre et nous incite expressément à la suivre.

Sans nul doute, c'est Tomy qui s'est exprimé. La certitude en est ancrée dans notre cœur et il nous est impossible de nier l'évidence.

Tomy devine-t-il donc notre silencieuse présence d'« anges-gardiens » ? Après tout, peu importe ! Nous sommes là pour observer, pour relater, pour faire aimer... pour faire aimer... ce qui est oublié.

46

Brutalement, de l'autre côté de l'habitation, quelques jappements montent vers le ciel et parviennent jusqu'à nous à travers les bourrasques du vent. Tomy, quant à lui, a dressé les oreilles et suspendu son souffle tandis qu'un concert d'aboiements emplit bientôt l'espace.

Le petit animal reste tout d'abord paralysé puis franchit, d'un coup, le vieux portail et se met à courir pour contourner la bâtisse. Nos regards se glissent à sa suite, se faufilent entre les herbes, au ras du sol comme si, involontairement, ils étaient appelés à des réflexes animaux.

Au bord d'un chemin caillouteux, nous découvrons bien vite la silhouette d'une grosse automobile blanche, un peu rouillée. Emportés par cet élan qui nous fait suivre Tomy sans même faire intervenir notre volonté, nous nous surprenons bientôt, comme notre petit compagnon, à analyser les pneus du véhicule. N'auraient-ils pas quelque message à livrer ?

Et tandis que cette question nous traverse, nous sommes pris d'un rire qui nous met face à l'étrangeté de la situation. En effet, tout s'est passé comme si, pendant quelques instants, nous nous étions abandonnés à l'âme-groupe dont dépend Tomy. Il nous semble alors que la Présence aux yeux d'aigue-marine a dû laisser quelque secrète empreinte en nous, quelque chose de tendre et de confiant, une sorte d'énergie qui nous appelle à une autre logique de comportement.

Puis au rire suit une seconde d'inquiétude... pas question de nous laisser absorber par une série de réflexes qui échappent à notre volonté ! Mais en réponse à cette soudaine révolte, nous percevons aussitôt une douce présence au fond de notre cœur. Elle ne dit rien ; elle nous distille seulement, simplement, une onde de liberté, tel un courant d'air qui nous entraîne vers d'autres hauteurs.

Alors à nouveau à une distance d'une dizaine de mètres au-dessus de ses toits nos âmes aperçoivent le vieux mas, puis là-bas, dans un coin, Tomy qui se dirige d'un pas hésitant vers un grillage derrière lequel hurlent en sautant quatre ou cinq chiens.

Un homme se tient sur le perron de la bâtisse et observe la scène. Il porte le pantalon de toile cher aux chasseurs et un chandail de grosse laine grise. Immédiatement, ses pensées parviennent jusqu'à nous dans un désordre qui paraît être le juste reflet de sa chevelure hirsute.

« Pas mal ce chien… m'intéresse… pas de collier… on peut toujours essayer… »

Puis, soudain, la succession de ses reflexions est interrompue par un cri rauque qui jaillit avec violence de sa poitrine.

« Oh, silence là-bas ! »

Aussitôt, comme par miracle… ou plutôt sous l'effet de la crainte, les chiens se sont immédiatement tus dans le chenil. A peine entend-on encore quelques gémissements étouffés suivis de petits grognements sourds.

A vrai dire, il ne s'agit pas véritablement d'un chenil mais plutôt d'une sorte de poulailler, vaguement modifié pour la circonstance. Quelques tôles, disposées tant bien que mal sur des murets de pierre adossés à la maison, constituent un abri de fortune où l'on peut encore deviner, dans l'ombre, un ou deux récipients de plastique.

Cependant, près de la voiture, l'homme a déjà mis une main au cou de Tomy qui s'est rapidement applati sur le sol en remuant timidement de la queue.

« Il va le prendre, soyez-en certains. »

En douceur, la voix-guide vient une nouvelle fois de s'introduire au centre de notre conscience. Sans nous l'avouer clairement, nous n'attendions qu'elle, elle qui commence déjà à nous être si familière, elle qui maintenant peut sans doute nous dire le pourquoi de tout cela...

« Pourquoi ? Mais, parce que l'animal a une âme, mes amis. Parce qu'il est grand temps que l'homme n'en doute plus... et parce que cette âme est aussi pleinement âme que toutes celles dont l'humain admet l'existence dans la totalité de la Création. Comprenez-vous à quel point cette simple affirmation est déjà hérétique pour votre monde ?

Votre tâche est de visiter cette âme, d'écrire un hymne à sa beauté, de dépeindre ses rouages et d'en chanter le devenir. Il faut que vous le disiez, oui, l'animal est analogue à l'homme, analogue dans son fonctionnement, dans son développement, dans ses buts. Il est, tout comme vous, une partie du corps de la Divinité qui expérimente sans cesse l'infinité des chemins de la Conscience et apprend à s'y expanser.

Voyez Tomy... A l'instant vous vous demandiez le pourquoi de son "errance", le pourquoi de ce chasseur qui tente de se l'approprier, enfin le pourquoi de cette nouvelle existence qui s'installe autour de lui en si peu d'heures... Parce que comme vous, à l'image de chaque être qui respire à la surface de ce monde, il a son propre chemin de vie, sa destinée. »

« Son... karma ? »

« Son karma si vous préférez. Son karma dans la mesure où sa conscience a commencé de s'individualiser et où son être a entrevu sa possible autonomie par rapport à l'ensemble de sa race... ce qui est le cas de Tomy. Le karma individuel, voyez-vous, est un fruit de la maturité. Une âme ne se le constitue que lorsqu'elle devient responsable d'elle, c'est-à-dire d'une pensée et d'une volonté autonomes. Il peut être comparé à une sorte de compte en banque sur lequel viennent s'inscrire, sous forme de potentiel énergétique, non pas tout le bien et le mal générés par une âme mais plutôt tout ce qui a été compris ou non, vécu harmonieusement ou non par elle.

Tomy, à l'image d'une multitude d'animaux qui vivent en contact proche et permanent avec l'humain, a commencé à développer cette sorte de réflexion autonome que procure un tel réservoir subtil.

Regardez-le réagir auprès de cet homme dont il ignore tout et qui déjà vient de lui imposer une corde en guise de collier. C'est de son plein gré qu'il a accepté, poussé par une confiance, par un espoir. Il y a quelques vies de cela, il aurait refusé une telle approche, il aurait fui, préoccupé seulement par un éventuel contact avec ses semblables amassés de l'autre côté du grillage. Il aurait puisé toute sa capacité d'action et de survie, toute sa résistance et son savoir, dans l'âme collective d'un tel groupe... Certainement pas auprès de l'homme, trop étranger à son fonctionnement.

Aujourd'hui, après avoir accumulé les existences, son âme est capable d'une vision plus élargie de la vie. Elle devient suffisamment forte pour aller plus avant vers ce qui ne lui ressemble pas mais qui va activer sa capacité de réflexion. »

Sans plus attendre, une question fuse en nous, aiguillonnée par la vision de cet homme, si sûr de lui, qui entraîne déjà Tomy au bout d'une corde et l'attache à une barrière de bois.

« On peut donc parler de réincarnation pour les animaux ? »

« Aussi sûrement qu'on le dit pour l'homme ! »

« Sans exception ? »

« Sans aucune exception. Mais encore faut-il bien comprendre qu'il existe une infinité de niveaux de descente de la conscience dans un corps, que celui, d'ailleurs, soit animal ou humain.

Cette notion d'enracinement plus ou moins profond de la conscience n'est pas plus vraie pour un règne que pour l'autre. Simplement, je dirais qu'elle se manifeste différemment. Chez l'humain, elle se traduit par des capacités que l'on dit intellectuelles mais aussi, bien sûr, par des possibilités d'abstractions métaphysiques, par une indépendance marquée et une foule d'autres signes d'affinement.

Chez vos frères animaux, elle se signale d'abord par le détachement d'un individu hors de son groupe. Lorsque ce détachement a lieu, il est la trace d'une pensée personnelle digne de ce nom. Il indique que l'animal commence à faire éclore en lui les premières manifestations de son corps mental. C'est quelque chose de très beau, voyez-vous, et il faut apprendre à déceler cette flamme chez un être car elle est le témoin d'une plus grande révélation du Divin en lui. »

Tandis que nous écoutons ces paroles venues de l'invisible Présence, nos yeux ne parviennent pas à se détacher de l'attitude de Tomy face à la meute des autres chiens qui a repris de plus belle ses aboiements.

En effet, attaché à sa barrière, Tomy ne regarde pas dans la direction du chenil. Il fixe une porte par laquelle l'homme a disparu depuis quelques instants. En silence, il attend.

« A cette seule attitude, vous pouvez comprendre qu'il a fait son choix, reprend la voix. Il a opté pour la fréquentation de l'homme plus que pour celle de ses semblables.

Ainsi, ce que vous prenez parfois pour de la servilité n'est, en fait, rien d'autre qu'un besoin impérieux d'apprendre... au contact d'un frère, d'un ami qui a fait quelques pas de plus.

Concevez-vous votre degré de responsabilité en tant qu'humains dans tout ce processus ?

Voilà pourquoi, mes amis, plus vos compagnons animaux arrivent à se libérer des réflexes caractéristiques à leur espèce, plus ils agissent par eux-mêmes, plus leur contact avec l'homme est poussé et plus on peut employer le terme de réincarnation. Car alors, sachez-le bien, cette force que l'on appelle l'ego prend naissance et consistance en eux. A compter de tels instants, ils ne vivent plus à l'heure du *nous* mais du *je*.

En observant Tomy qui tire maintenant sur sa corde pour fuir, semble-t-il, la présence menaçante des autres chiens, nous ne pouvons nous empêcher de réagir à ce qui vient d'être dit.

« Mais enfin, tout cela n'est-il pas contraire à l'ascension de toute conscience vers la Lumière ? Cette recherche absolue du *moi-je* est toujours perçue comme le premier obstacle à la paix intérieure... »

« Défaites-vous donc de cette conception schématique d'un ego juste bon à formuler un *moi-je* qui plombe la conscience. L'ego, ne l'oubliez pas, est semblable à un miroir à deux faces, un outil déterminant sur le chemin de la découverte puis de l'épanouissement de soi. Sur l'une de ses faces, il vous renvoie une image déformée de vous-mêmes, génère des reflets, vous propose une vision éloignée de votre réalité et vous égare. Sur l'autre, cependant, il vous permet d'observer cette sorte de *Je suis* qui est le début de toute ascension. Il vous donne la merveilleuse possibilité de formuler celui-ci en conscience, tel un "sésame ouvre toi". Il restitue pour vous la première image, la première promesse de votre divinité promise.

C'est sur la frange mystérieuse et limpide qui sépare les deux faces de ce miroir que l'être se hisse pour un temps. Sur son fil, le *moi* s'éffrite et le *je* perdure ; mais un *je* magnifié, voyez-vous, un *je* qui absorbe et élève tous les *nous* de la race, puis prend place telle une étoile dans l'univers.

Bénissez donc la naissance de l'ego chez vos frères animaux car celle-ci est une marque de leur croissance, aussi sûrement que le dépassement de ce même ego en est une chez vous. »

Tandis que ces paroles s'achèvent, un défilé d'images étranges vient s'immiscer en nous. Nous savons de façon certaine qu'il provient du groupe des quatre ou cinq chiens qui sautent encore, aboient et grognent derrière leur grillage. Ce sont des images fugitives, difficilement traduisibles en langage humain. Nous y percevons pêle-mêle l'herbe et les ronces contre les murs de l'habitation, des ongles et des crocs, mille museaux qui flairent et des touffes de lavande nimbées d'une lumière jaunâtre. Mais surtout, surtout, derrière ces images inscrites en filigranne, ce sont des vagues de jalousie et de méfiance qui nous assaillent. Elles se ruent vers nous, tel un rouleau d'écume déferlant sur la plage.

Nul doute que Tomy ne les recoive de plein fouet car elles lui sont destinées, lui qui ne fait pas partie du clan, lui qui n'a pas montré le moindre signe de soumission à sa suprématie.

Cependant que nous vivons cette singulière expérience au contact des projections psychiques de la petite meute, toute perception auditive vient à s'estomper en nous. Dans l'état subtil qui est le nôtre depuis bientôt trois heures, nous pouvons alors observer à loisir les émanations lumineuses qui s'échappent de la troupe des chiens. Celles-ci sont mariées comme pour former un seul corps, une aura unique au cœur de laquelle s'entrechoquent des masses rouge carmin, ocres et grises. Nous savons que cette forme lumineuse commune témoigne de la conscience globale qui régit le groupe. Pendant quelques secondes nous reviennent alors à l'esprit des visions analogues perçues il y a des années au-dessus d'une foule en colère amassée sur une place publique.

Un petit sourire extérieur à nos deux êtres fait à cet instant une brève irruption sur l'écran de notre conscience puis laisse place à la voix-guide, plus chaude, plus aimante que jamais.

« Voyez, voyez ce qui se passe… Vous l'avez compris, n'est-ce pas ? Vous aussi, humains, vous pouvez encore expérimenter ce que représente une âme de groupe. C'est une force qui absorbe l'individu, lui impose parfois un flot de réactions mécaniques et le fait agir selon des schémas pré-établis. Vos guerres en sont la meilleure illustration. Quelle est cette énergie capable de pousser des millions d'êtres qui ne se connaissent pas, à s'entre-tuer, sinon une âme collective fonctionnant au moyen de rouages primaires ? Tous vos *nationalismes* et *particularismes* qu'ils soient religieux ou politiques, ne sont jamais qu'une version plus policée de la force qui fait agir ces chiens dans leur chenil. Leur petit groupe n'est pas plus ridicule, avec ses jalousies primaires et son bout de terrain à protéger, que la majorité des humains à laquelle une infime minorité donne des armes et des frontières.

Hommes ou animaux, nous nous trouvons sur la même échelle dont les barreaux ne sont pas si éloignés les uns des autres. »

A quelques mètres sous nos corps de lumière qui continuent d'écouter en silence, la silhouette de l'homme au chandail gris vient de réapparaître. Cette fois, Tomy est détaché de son poteau et emmené vigoureusement dans une grange. Affectivement aimantés par son petit être, nous le suivons, sans attendre, à l'intérieur de la bâtisse. D'un geste lourd, l'homme s'est retourné vers la grosse porte de bois, l'a fait grincer sur ses gonds en la fermant d'un coup d'épaule puis a détaché Tomy qui s'est mis à gambader.

Dans la grange, c'est la pénombre. Quelques rais de lumière y pénètrent seulement par deux ou trois ouvertures du toit et viennent caresser des restes de paille sur le sol. Dérangée dans son repos, une tourterelle s'envole brutalement de sa poutre dans un battement d'ailes qui fait sursauter Tomy, puis s'échappe par le toit.

Les mains sur les hanches, l'homme commence alors à observer le comportement du jeune chien qui a aussitôt entrepris, nez au ras du sol, sa découverte des lieux. L'air songeur, il se gratte les cheveux puis sort de la bâtisse en lançant vers Tomy un "attends-moi là" qui semble clouer l'animal sur place. L'homme part vers la ville, nous l'avons perçu dans ses pensées. Quelques provisions, des outils, peut-être un collier... voilà ce qui le préoccupe sur l'heure.

A deux pas du chiot et au ras de la poussière du sol, nos êtres se stabilisent alors, bien décidés à tenter un contact avec Tomy.

Dehors, une portière claque, un moteur ronronne, grince, puis enfin le véhicule s'éloigne et les chiens se taisent.

Voilà... Le silence est à nouveau tombé sur le mas et Tomy s'est précipité vers la porte comme pour recueillir les parfums du vent qui s'engouffre sous elle.

« N'espérez pas ainsi un contact, chuchote la voix-guide. Votre compagnon est encore jeune et, pour l'heure, il demeure plus préoccupé par cette dimension horizontale évoquée tout à l'heure, que par tout autre chose. Ainsi que pour tout animal introduit dans un lieu inconnu de lui, cette grange représente un véritable univers. Tomy a besoin de le cerner, de le pénétrer de sa présence, dans ses moindres recoins. C'est cela que vous devez observer. Il a besoin aussi d'y trouver une chose à laquelle l'homme ne songe pas souvent... une trace d'amour. En effet, voyez-vous, la conscience animale, quelle qu'elle soit, sait très bien que tout lieu est doté d'une mémoire. Elle a infiniment besoin de lire cette mémoire pour tenter d'y adapter son être.

Lorsque vous regardez un animal découvrir un endroit ignoré de lui, vous, les hommes, ne parlez généralement que de flair ou d'instinct, incapables que vous êtes d'accéder à une vibration plus intime de l'univers physique. Oui, je dis bien physique, car la mémoire d'un lieu fait encore bien partie du monde relativement dense. Sa pénétration exige seulement un déverrouillage des facultés d'écoute du cœur. Ne vous y trompez pas... Le cœur peut réellement écouter autrement que poétiquement ! Les poèmes humains traduisent une perception souvent confuse ou un espoir, à moins que ce ne soit un souvenir inconscient... mais l'âme animale, quant à elle, vit constamment tout cela.

Regardez bien Tomy, mes amis ; vous le voyez flairer la poussière et la paille du sol de cette grange, ainsi d'ailleurs que le feraient beaucoup d'autres animaux. Bien sûr, c'est l'idée de leur odeur et des informations véhiculées par celle-ci qui vous vient à l'esprit, mais vous devez savoir que c'est aussi *au-delà de l'odeur* que l'animal cherche. C'est vers cette dimension, trop négligée de votre monde, que l'on nomme l'éther, qu'il dirige sa quête. L'odeur est une manifestation de la lumière dense renvoyée par toute chose. La lumière subtile, quant à elle, ce que vous appelez aura, dégage sa propre odeur et c'est elle que cherche l'animal car c'est par elle qu'il trouve la porte d'accès à la mémoire d'un lieu ou d'un objet.

Approchez-vous de Tomy. Ne soyez plus observateurs mais tentez de vous mettre en symbiose avec lui ; aimez-le pour la vie qui est en lui, sachant que ce qu'il connaît aujourd'hui, chaque homme, chaque femme l'a expérimenté analogiquement des milliers de fois, il y a des milliards d'années. »

C'est un véritable défi qui nous est lancé. Faut-il renoncer, comme tout à l'heure encore, à tout comportement d'homme et de femme afin de nous laisser entraîner vers d'autres réflexes et aussi une logique différente ?

Sans doute la Présence-guide a-t-elle agi sur quelque déclic au plus profond de nous-mêmes, car la question n'a pas plutôt surgi en nous qu'elle perd immédiatement de sa consistance, emportée par un flot d'images déferlantes. Ainsi, c'est une sorte de brouillard lumineux qui envahit notre conscience et, en son sein, apparaissent subrepticement des images gorgées de soleil, de pluie et de vent. Celles d'un champ aux reflets blonds en bas d'une colline aride, celle d'une lame de faucheuse qui tournoie et d'un moteur qui toussote sur une route de campagne. Puis, ce sont des images de bottes traînant sur la terre battue, des bruits de fourches qui raclent le sol et des cris d'hommes et d'enfants qui viennent nous submerger. Autant de visions, autant de perceptions, qui font parler en nous le monde de la paille, celui des êtres qui l'ont mise en bottes, enfin celui de la poussière chaude et acre de la grange.

« Non, là il n'y a pas d'amour », avons-nous envie de murmurer alors que tout s'estompe. Et déjà, nous savons, avec une certitude absolue, que Tomy a ressenti tout cela et sans doute plus encore. Nous savons qu'il a perçu la main humaine obéissant à la machine et asservissant une vie végétale qui, pour lui, ne signifie rien. Cet endroit est mécanique, il porte seulement le masque d'une certaine chaleur. "Nous sommes dans le monde de l'utile", c'est ce que clament la poussière, les murs et ce tas de cartons vides abandonnés dans un angle.

Près d'un tonneau qui perd son cerclage, Tomy soupire bruyamment et nous aurions presque envie et besoin de l'imiter dans cette sorte de désert privé de toute âme aimante.

Nous sommes désormais dans un état de conscience tel qu'il nous semble percevoir quelque chose se déverser de l'esprit du jeune chien jusqu'au centre du nôtre.

« Aimer, aimer... Qu'y a-t-il pour aimer, qu'y a-t-il à aimer... et qui donc aimer ? »

Toutes ces interrogations, étrangères à nous-mêmes, virevoltent littéralement dans notre conscience. Elles nous habitent pendant quelques instants comme des oiseaux qui se débattent dans une cage trop étroite.

Au pied du tonneau, Tomy se laisse finalement glisser sur le sol, le museau contre terre, avec une plainte nostalgique.

Face à lui, entre quelques piquets de bois et la pierre du mur, un rayon de lumière blafarde vient jouer avec une immense toile d'araignée. Un petit animal velu se tient immobile en son centre et paraît l'observer.

« Il y a tout au moins elle à aimer... »

« L'araignée ? »

« Bien sûr, reprend la voix-guide. Mais aimer, pour un animal qui ouvre sa conscience, cela ne signifie pas nécessairement s'approprier. Cela peut être jouer, c'est-à-dire reconnaître l'autre comme un être à part entière, digne d'intérêt. »

« Mais, pour un chien... pour un chat, jouer dans de telles conditions, c'est chercher à dominer. L'araignée sera écrasée, avalée. Est-ce cela que l'on appelle un jeu ? »

« Vous êtes au royaume animal, ne l'oubliez pas, mes amis. Le regard posé par vos frères sur ce que vous appelez *vie* et *mort* est souvent bien différent du vôtre. Pourquoi attendre de l'animal plus que ce que l'homme parvient lui-même à donner ?

Derrière le mur de cette grange, sur une cheminée, il y a un fusil et des cartouches... Prétendez-vous que les chasseurs tuent aujourd'hui pour manger ?

L'âme animale ne craint pas la mort en elle-même. Elle la fréquente de beaucoup plus près que l'humain ne saurait le faire, parce qu'elle n'a pas de culture qui en dresse de perception hideuse et parce qu'elle est dénuée de la notion de morbide. Ce qu'elle craint, c'est l'énergie qui génère parfois l'apparition de cette mort, la hargne, la haine ou le sadisme qui la font naître.

Si Tomy venait à écraser cette araignée par jeu, il le ferait par manque d'une certaine conscience, mais sans engendrer une énergie qui souille le cœur et le lieu. Son ego n'a pas encore suffisamment éclos en lui pour que la notion de responsabilité signifie quelque chose à son propos. »

Tandis que la voix achève de prononcer ces mots, nos regards sont de plus en plus attirés par l'araignée au centre de sa toile. Nos consciences s'en approchent involontairement de si près qu'il nous semble maintenant l'observer à la loupe. Il y a quelque chose de fascinant dans son petit corps velu ; tout y paraît ordonné comme dans un mécanisme d'horlogerie, beau à force de précision.

Insensiblement, nous nous laissons absorber par sa présence et une sorte de voile translucide vient à tomber entre les murs de la grange et nous-mêmes. C'est un voile par lequel la lumière acquiert une épaisseur, une consistance jaunâtre. Nous comprenons alors que, sans l'avoir cherché, nous venons de basculer sur une autre longueur d'onde de notre univers. L'animal et sa toile nous apparaissent désormais d'un blanc laiteux, parcouru de fines brillances azurées. Et puis d'un coup, semblable à une projection lumineuse faite sur un écran qui serait au centre de notre être, une forme apparaît devant laquelle tout s'efface. Elle est une sphère blanche aux reflets de nacre et sur son pourtour s'échappent de toutes parts une infinité de filaments qui ondoient comme autant de bras cherchant à palper l'invisible.

Qui y a-t-il derrière cette merveilleuse organisation et, nous devrions dire, cette si douce présence ? Oui, si douce, car ce ne sont pas des tentacules ni de longues et fines pattes qui viennent ainsi nous chercher et nous envelopper mais des projections de lumière, les émanations d'une conscience puissante et sereine.

« Amis, ô amis, fait-elle, comme si elle nous connaissait de toute éternité, béni soit cet instant où une oreille humaine s'ouvre. Ecoutez, écoutez simplement car je veux vous dire qui je suis et qui vous ignorez chaque jour... Je suis le cœur et l'âme de la planète araignée, son intelligence aussi, l'inspiratrice, l'ordonnatrice de tous ces filets que vous découvrez chaque matin couverts de rosée, de toutes ces toiles tendues et retendues patiemment dans les recoins oubliés de vos maisons. Je suis une force mentale qui essaie d'apprivoiser la matière, les souvenirs de votre monde et qui apprend aussi ses lois.

A travers des milliards et des milliards de corps, je tisse un immense réseau par lequel l'organisation de cette terre pénètre lentement en moi, dans tous ses rouages... Car je suis une mémoire, amis. Je construis une intelligence basée sur une mémoire détaillée et nourrie de toute l'intimité des intelligences qui y vivent aujourd'hui. Patiemment, je bâtis la structure d'un univers pour demain... pour après-demain peut-être... peu importe car j'ignore votre temps. Il y a une boule de feu, un espoir qui vit en mon centre et qui, déjà, a la vision d'un monde à venir, un monde fort des richesses de celui-ci. Avec vos mots de matière... vous diriez peut-être que je suis un cerveau qui se bâtit, une race en gestation qui vivra et grandira sur d'autres Terres, sous d'autres Cieux.

Toutes ces toiles qu'à travers les cellules de mon être je tisse inlassablement par les forêts et les granges, les caves et les greniers, sont plus que de simples instruments afin que mon corps subsiste et s'ancre en ce monde. Ce sont des lecteurs, des capteurs de ce que la conscience humaine produit, de votre intelligence créative et destructive, de vos errances, de vos doutes et de vos peurs mais aussi de vos percées vers l'Infini. Par leur réseau subtil j'absorbe l'histoire de votre monde, ses mutations et les schémas de votre croissance.

Ainsi, lorsque chaque matin votre vision de l'ordonnance des choses vous dicte de briser d'un revers de la main l'un des capteurs de ma mémoire, faites-le au moins sans colère ni reproche. La vie ne vous appartient pas... ne l'oubliez jamais. Elle essaie de parler par toutes les voies, tous les pores de la Création... avec ou sans l'homme, en-deça et au-delà de lui. Acceptez seulement de m'observer, de pénétrer l'étincelle de conscience et d'amour enclose en chacun de mes corps. Vos peurs sont à l'image de vos yeux embués et de vos oreilles fermées. Alors, apprenez à m'écouter, à me regarder... sous toutes mes apparences. Il est trop injuste de fuir et de détester ce que l'on n'a pas pris la peine d'approcher et de voir. C'est une platitude que de dénoncer cela mais c'en est également une que de vivre et de perpétuer un tel état de fait d'âge en âge. Tout mon être vous propose un pas de plus vers l'harmonie en découvrant un autre visage du respect de la Vie.

A chaque seconde qui s'écoule, je vois et sens des millions d'épaules qui se haussent face à ma présence et autant de cris que l'on me jette. Du fond de mon âme, je les reçois, je les analyse et j'y perçois toute votre détresse. J'y lis votre incapacité de percevoir le Divin en toute chose, votre coupure d'avec le Monde et, derrière tout cela, votre crainte héréditaire de devoir relativiser votre propre image, votre importance devant l'immensité de la Création.

Qu'est-ce qu'une araignée ? dites-vous. Mais, un peu de tous ces éléments, de toutes ces forces qui circulent en vous ! Un peu de cet Etre sans nom dont vous cherchez, vies après vies, la trace lumineuse, sans trop souvent oser même l'avouer.

Sachez-le, une araignée lit en vous plus sûrement que la plupart des créatures de votre monde. Elle est déchiffreuse de perceptions auditives et d'émissions psychiques.

En cet instant, amis, je perçois une foule d'interrogations qui déferlent en vous, mais surtout, surtout cette lancinante question qui traîne encore chez les hommes. L'intelligence animale... Y en a-t-il vraiment une ? Ne se limite-t-elle pas à la simple reproduction de quelques schémas ?

Mais, dites-moi, vous, ce qu'est l'Intelligence ! Savez-vous réellement qu'elle peut ne pas avoir visage humain, que vous pouvez ne pas en être la juste et éternelle mesure ?

Il n'y a pas *une* intelligence, mais *des* intelligences... Certains de vos frères, dans d'autres mondes, ne perçoivent pas sept couleurs dans l'arc-en-ciel mais bien plus, d'autres captent les parfums et en font des sculptures, d'autres encore jouent avec le temps et s'y déplacent comme sur une route ! Tous n'ont pas votre apparence, loin s'en faut. De la même façon, nous autres, dévas et frères animaux bâtissons à l'intérieur même de votre monde, des sphères de conscience et d'intelligence dont vous ne pouvez avoir la moindre idée. Nous y développons des civilisations... oui, je dis bien des civilisations... mais autour de concepts qu'aucun mot ne saurait traduire. Des civilisations d'images mentales, des civilisations édifiées à partir de reliefs vivants[1] issus de notre conscience, des univers complets, parfaits dans leurs rouages... et où l'intelligence, la sensibilité, la logique divines déploient l'une de leurs myriades de facettes. Oui, il y a plusieurs terres qui s'entrecroisent au cœur même de cette terre... et, sachez-le, seule l'Intelligence des intelligences, celle qu'affine un cœur pur, permet de se déplacer de l'un de ces univers à l'autre, de l'univers de l'homme à ceux qui ne le sont plus ou pas encore.

Une telle vision de la part de l'âme arachnoïde vous surprend, n'est-ce pas, frères humains ?

---

1 - Reliefs vivants : sans doute peut-on assimiler cela à des hologrammes.

Mais l'histoire et le rôle de ceux que vous appelez dévas, voyez-vous, c'est l'histoire de la Présence divine qui s'expanse à tout instant... sans autre horizon que celui de l'Unité. »

Unité... ce mot est resté gravé en nous alors que la "vision" vient soudain de s'estomper. Il y résonne encore comme pour nous faire savourer la multitude des promesses dont il est chargé et qu'il faut transmettre.

Puis, peu à peu, tandis que l'image de Tomy somnolant et du vieux mas s'est éloignée, notre temps d'homme et de femme a repris ses droits et sa densité.

A trois mètres au-dessous de nous, deux corps de chair enkylosés attendent... notre retour !

Chapitre III

Le maître-lièvre

Il fait noir... un noir d'une densité rare, presque suffocante. Dans le secret de cette obscurité, simplement quelques petits cris et des bruits étouffés. Autour de nous, nous ne doutons pas qu'il y ait une présence, mais laquelle ? Tout à l'heure, lorsque la voix-guide est venue nous chercher pour la quatrième fois, elle n'a rien articulé de plus en notre cœur qu'un énigmatique "êtes-vous prêts ?"

Confiants et aimants, nous l'avons aussitôt suivie, délaissant l'un après l'autre, au tout petit matin, nos vêtements de chair.

Alors, sans transition, l'obscurité a jailli tel un voile déployé soudain devant nos âmes, perception nouvelle et déroutante hors du corps physique. Et puis surtout nous avons ressenti une sorte de promiscuité, une intimité tellement inattendue avec une forme, un être... C'est dans cette direction qu'il nous a fallu nous diriger, plus avant dans cette proximité un peu dérangeante. Maintenant nous tentons de nous centrer sur elle, et peu à peu une lumière chaude et ambrée vient enfin à émerger du plus profond de l'obscurité. Nous devinons qu'elle en est un constituant, qu'elle vit en elle et qu'elle cache en son sein, sans doute, d'autres lueurs, d'autres lumières, plus radiantes, plus vivantes, jusqu'à l'infini.

Bientôt notre vue paraît s'étendre à trois cent soixante degrés, comme si nous étions réduits à un point au centre d'un cercle. Quelques secondes s'écoulent encore avant que nous ne réalisions parfaitement ce qui se passe...

Nous avons alors la perception totale d'un lieu et d'un être tous deux déconcertants... Oui, c'est bien cela, à n'en pas douter nos deux âmes se sont projetées au fin fond d'un terrier, aux côtés d'un lièvre.

Dans les entrailles de la terre, la clarté perçue par nos consciences unies est désormais devenue brune. Elle palpite en de petites étincelles qui s'y déplacent, comme mues par une intelligence qui nous échappe. Face à tout cela, face au lièvre énorme qui respire bruyamment, face aux racines qui pendent au-dessus de nous, nous éprouvons bien vite une sorte de timidité. C'est un malaise confus qui nous murmure que cette intimité-là n'est pas faite pour nous et qu'il faut peut-être partir. L'animal, quant à lui, ne paraît pas deviner notre présence. Immobile, il a les pupilles dilatées et semble goûter à la profondeur du silence.

Sous lui, ce ne sont que feuilles mortes et touffes de poils mêlées à la terre, une terre âcre et sèche.

« Non, je vous le demande, ne bougez pas, ne cherchez pas à sortir d'ici », murmure soudain la voix-guide dont, depuis quelques instants, nous souhaitions ardemment le retour. « Vous ne seriez pas en ce lieu si vous n'y étiez pas invités, croyez-le. L'âme de la terre sait fermer ses portes...

ou les ouvrir lorsqu'il le faut. Elle entretient de profondes relations avec la Conscience animale, et si ce terrier vous accueille c'est bien parce qu'une intelligence autre qu'humaine l'a voulu.

Regardez ce lièvre à la robe si rousse, avec son museau qui remue maintenant fébrilement comme pour recueillir l'impalpable, il vous paraît certainement identique à mille autres. Il n'en est rien pourtant. C'est assurément lui qui vous a attirés ici, éclairé en cela par la conscience-groupe de son espèce. Il est un guide de sa race, un guide incarné, dont le but est d'éveiller un peu plus toutes les petites âmes des environs, analogues à la sienne. Il les enseigne à sa façon, vous le verrez ! Cela vous surprend ? Il faut pourtant vous y habituer. Les animaux eux aussi ont leurs guides, leurs maîtres à penser, à évoluer, leurs grands initiés. Pourquoi donc cela serait-il réservé au genre humain ? Cela vous a toujours été dit, le Divin emprunte tous les corps et tous les niveaux de la conscience pour visiter l'univers, et ses langages sont si multiples qu'aucun esprit ne peut en concevoir la totalité.

Contrairement aux humains, vos frères animaux savent toujours lequel parmi eux est à considérer comme un guide, un maître de sagesse... Oui, je dis bien *sagesse*, car une telle notion ne leur échappe pas. Certes, ils ne peuvent en discourir ainsi que vous le faites...mais la sagesse se ressent et s'exprime pour eux par une simple qualité de rayonnement qui inspire un nécessaire respect. Elle ne peut être une valeur subjective, elle ne peut reposer, dans leur monde, sur des éléments qui se discutent ou qui oscillent d'une espèce à l'autre. Elle *est*, voilà tout ; elle impose doucement son rayonnement là où elle apparaît. Elle n'a rien à prouver parce qu'elle est nécessairement un reflet de l'Esprit Universel. »

« L'Esprit Universel… les animaux ont donc également cette notion ? »

« Les espèces les plus individualisées la possèdent parfaitement. La notion de Divinité est innée en elles. Une telle Présence non plus ne se discute pas. Elle n'a pas besoin qu'on la pare d'un nom ou qu'on lui consacre un culte. Les noms et les cultes ne servent après tout qu'à raviver la mémoire, à entretenir le souvenir. La réalité du Divin est permanente dans la conscience de vos jeunes frères. Elle n'appartient donc pas au domaine du souvenir. Si vous ne parvenez pas souvent à la percevoir au fond de leurs prunelles ou dans leurs attitudes, c'est parce que vos références sont différentes et que vous ne possédez pas les clés de leurs sociétés.

Croyez-vous que, pour un être… à la réalisation angélique, le comportement humain reflète souvent une conscience tournée vers l'Ordre divin ? Voyez l'analogie et ne la perdez jamais de vue.

Ainsi donc, si vos frères, dont j'ai partiellement la charge, sont effectivement plus jeunes que vous sur le chemin qui conduit à l'ineffable Soleil, ils n'en sont pas moins proches de Lui, pas moins purs non plus.

Cela vous a déjà été enseigné. Un enfant est-il moins qu'un adolescent et un adolescent moins qu'un adulte ? Leur essence, leurs potentiels sont identiques. L'enfant est quelque part adulte au fond de son âme et l'adulte oublie de se rappeler qu'il demeure aussi toujours enfant. Le seul problème consiste à savoir réellement ce que signifie ce mot, *adulte*.

Mais apprenez plutôt à vivre quelques instants au rythme de ce terrier. Cherchez dans la quiétude de votre cœur à respirer à l'unisson avec sa matière, ses feuilles mortes et ses racines. Laissez-vous ensuite accueillir par l'âme qui vous y a invités. Elle a un dépôt à vous confier. Pour elle aussi, la venue de consciences humaines en ce lieu représente une initiation, un bonheur. »

Avec ces mots qui s'éteignent au-dedans de nous, la voix-guide a laissé place au silence. Les secondes, alors, s'égrènent lentement, peut-être les minutes, nous permettant de vivre au rythme des respirations intimes du gros lièvre à la robe rousse, toujours immobile. Le temps sans doute que nos âmes s'accordent secrètement ou que quelque volonté supérieure leur ouvre l'accès à une fréquence commune. Tout se passe, en fait, au niveau précis du cœur. Bien que nous n'ayons plus la moindre perception de notre corps subtil lui-même, la présence de cet organe demeure sensible. Une chaleur intime s'en dégage et l'image d'une sorte de diaphragme qui se dilate en son centre s'impose à nous, balayant tout, pour laisser place à une vague de paix.

« Vous voici donc enfin, frères humains ! Il y a si longtemps, si longtemps que mon poitrail[1] et mon peuple espèrent cette heure. Recueillez, je vous prie, mes pensées. Elles sont les messagères de toute ma race qui s'adresse à la vôtre. Elles sont un appel à l'écoute, à vous qui si souvent nous croyez aveugles et stupides, inconscients et irréfléchis. Elles sont aussi un présent pour l'apaisement, un présent pour vous tous que mon peuple craint. Je sais que l'homme n'est pas uniquement cruauté et mépris. Je sais que certains d'entre vous ont un poitrail qui

---

1 - Ce mot dont la présence surprend ici est très précisément celui que nos consciences ont capté. Sa place dans un tel contexte indique certainement la zone de son corps à laquelle cet animal s'identifie le plus ou, du moins, dans laquelle il se sent le plus conscient.

ressemble au nôtre avec mille flammes roses et blanches qui s'en échappent. Nous vous observons dans les fourrés, lorsque vous parcourez les monts et les champs, et au premier pas que vous faites, vous dévoilez votre être tout entier. Si je vous offre ma demeure, c'est pour que ceux d'entre vous qui ne respirent pas la cruauté et le mépris rejoignent en pensée les miens durant ces terribles jours de l'année où l'homme déverse le tonnerre sur eux.

Ceci n'est pas la supplique d'un peuple de faibles face à une race de dieux qui maîtrise le feu et cent mille autres choses. C'est l'appel à la simple raison qu'un peuple pacifique lance à un autre peuple qui, croyant dominer le monde, amoindrit chaque jour un peu plus son propre souffle et abîme son corps.

Lorsque, avec vos armes crachant le feu, vous parcourez les garrigues et que vous nous traquez jusque dans nos abris, vous ignorez à quel point nous pleurons sur ce qui vous habite. Ne croyez pas que ce soient nos corps qui tremblent. C'est ce quelque chose en nous sachant capter et lire la flamme qui, en vos yeux, vous consume. Cette dernière n'est pas la flamme de celui qui doit vivre mais celle de celui qui a enraciné en lui le besoin de détruire.

Se hausse-t-on en abaissant autrui ? Je vous le dis au nom de mon peuple. En vérité, c'est moins nous que vous faites saigner que cette Force au-dedans de vous dont vous semblez tout ignorer.

Lorsque par les bois et entre les rochers marchent des hommes nimbés d'une coquille de lumière où la grisaille et les rouges paraissent eux-mêmes se livrer un combat, je sais la souffrance que ces hommes portent en eux, au-delà même de celle qu'ils nous infligent. Car j'enseigne à mon peuple que celui qui tue et se repaît de son emprise sur l'autre, a d'abord entrepris de se détruire, d'abîmer son propre poitrail. Avant de faire les victimes que l'on voit, la souffrance ravage celui qui la génère, à son propre insu. J'ai trop bien vu, frères humains, que cette souffrance coule dans les veines de votre race. Aujourd'hui, le signe que je vous adresse au nom de mon peuple est motivé par un espoir, celui de générer un sursaut de paix chez le plus grand nombre de vos semblables. Non seulement pour le genre dont je suis issu mais pour l'ensemble des êtres non-humains de ce monde.

Cette graine de paix, je suis conscient qu'elle ne pourra pleinement germer que si le souvenir d'un certain Soleil de l'âme est ravivé dans le cœur humain. Elle ne peut en effet venir à maturation si elle est alimentée par la pitié. L'univers de mes frères animaux ne veut pas de la pitié des hommes. Nous savons trop bien qu'un tel sentiment n'a jamais élevé un seul être parce qu'il se gorge en silence des notions d'infériorité et de supériorité.

La pitié n'a jamais été la compassion... et c'est peut-être nous, animaux, qui étrangement en ces jours, visitons plus que l'homme le monde de la compassion... car nous voyons à quel point votre semblable est pris au piège d'un filet de mépris et d'ignorance. Frères de la terre que nous partageons, entendez dans mes paroles une douleur ré-pondant comme un écho à votre propre douleur.

Même si les mots par lesquels mon âme communique avec les vôtres vous semblent parfois teintés de fiel, n'y voyez aucune condamnation, aucun jugement dont je serais l'interprète au nom des miens. Le peuple animal est incapable d'un jugement au sens où le pense le peuple humain. Il ne juge pas. Simplement, il ne comprend pas ce qui, en l'homme, s'acharne à contredire l'ordre supérieur des choses. Alors, il fuit ou tente de se défendre pour rétablir l'équilibre qu'il voit menacé.

Cette notion d'équilibre est présente en tout cœur animal, voyez-vous. Elle en constitue sans doute le pivot. Elle est une façon de traduire la présence de l'Esprit Universel qui entend prolonger Sa vie à travers lui. Ainsi, elle dépasse infiniment ce que vous appelez vie et mort. C'est par elle que nous acceptons pleinement les deux visages de la Force, lorsque ceux-ci s'inscrivent dans la loi d'harmonie.

La tâche me revient donc de raviver votre mémoire, frères humains. Il me faut ramener celle-ci jusqu'en un temps si lointain que ce monde où nous vivons offrait un autre visage, d'autres courbes, d'autres couleurs. C'était un monde infiniment chaud, un monde où les brumes étendaient souvent leurs bras sur des immensités car, constamment, le Soleil rencontrait l'Eau… Et son rayonnement était tel que la mémoire animale le décrit comme forçant presque les êtres à une incroyable croissance. Ecoutez bien maintenant ce qui était en ces temps… »

Face à nous, les deux yeux dilatés et fixes du lièvre ont acquis peu à peu une dimension imposante. Notre champ de perception est bientôt empli de leur seule présence. Gagnés par une douce émotion tout autant que par un sentiment de respect, la sensation d'être en contact avec un animal dans les replis de la terre s'est enfuie de nous depuis longtemps déjà. C'est avant tout une âme belle et noble qui s'offre à la nôtre et son rayonnement appelle à l'humilité.

Pendant un court instant, nous avons presque envie de dire… « Est-ce bien toi, frère lièvre, qui t'exprime ainsi ou est-ce un maître de sagesse qui emprunte ta forme ? »

Sans doute nos cœurs sont-ils transparents car un sourire plein de malice et de joie vient nous chercher derrière le regard profond de l'animal. Dans la pénombre lumineuse du terrier, celui-ci devient une sorte de caresse.

« Votre question a-t-elle un sens ? reprend paisiblement au fond de nous la voix issue du lièvre. La Sagesse n'a pas d'âge, pas de forme. Elle est sœur de la Connaissance et voyage ainsi de moule en moule, d'apparence en apparence. Défaites-vous de cette idée que l'âme animale n'expérimente la Vie qu'en ses manifestations et ses réflexes primaires. Vous n'avez fait que pénétrer sur son seuil...

Ainsi, laissez-moi maintenant vous amener dans notre passé commun, si lointain que presque tous en ont perdu la trace consciente...

En ces temps de Soleil et d'Eau, nos deux peuples se côtoyaient sans peur ni agression. Nos apparences respectives étaient autres qu'aujourd'hui. Vos corps étaient plus forts, plus grands et les nôtres se montraient également infiniment plus développés. Une sorte de spontanéité et de simplicité vous habitaient et que, depuis, vous avez perdues. Celles-ci faisaient que vous pouviez plonger en notre conscience et que la vôtre nous était beaucoup plus proche qu'aujourd'hui.

Vous nous saviez issus de la même Force que vous et la réalité de notre âme vous était évidente. En rêve ou tout au moins ce que vous appelez rêve, vous consultiez les plus sages d'entre nous. Car, voyez-vous, de tous temps, le peuple animal dans son ensemble a eu pour mission d'incarner sur Terre, à travers ses capacités, certains grands principes issus de l'Esprit Universel.

Ainsi donc, nombre d'entre nous sont des attributs, des représentations de qualités divines qui viennent s'offrir au monde des hommes. Voilà pourquoi votre frère l'animal a souvent été porteur d'un message venu de l'Infini.

Les hommes et les femmes que vous étiez en ce temps-là le savaient. Il en résultait un respect et une complicité mutuels.

Parfois, lorsqu'il arrivait que nos âmes ne puissent communiquer, nous nous croisions simplement, sans autre désir que celui de laisser l'autre aller là où il le voulait, sans intention de le dominer ou d'en tirer profit.

Et puis, quelque chose se passa... Quelque chose que nous ne vîmes pas arriver mais qui changea la flamme de votre regard. Alors, tous les guides-animaux de ce monde s'assemblèrent dans cet Univers du milieu où l'âme est libre de toute entrave. Partout, leur constat était le même : un poison lent mais terrible semblait vouloir faner le cœur de l'homme. Ce poison le coupait non seulement d'eux mais aussi d'avec ses semblables. Il se montrait si subtil, si pernicieux qu'il paraissait ne pas vouloir se contenter de couler dans les veines humaines mais se répandre beaucoup plus loin. Nous ne savions quel visage lui donner... orgueil, envie, jalousie... Et à chaque fois que nous lui en trouvions un possible, c'était comme si son concept prenait naissance en nous et nous fanait aussi un peu. Nous comprîmes vite que toute la race de l'homme était malade et que sa maladie pouvait gagner le monde aussi rapidement que le vent se déplace. C'était une onde toxique qui embrumait le poitrail et qui faisait que rares devenaient les êtres conservant dans leur regard ne fût-ce qu'une étincelle de ce qu'ils avaient été.

Alors, les hommes commencèrent de semer la mort partout où ils posaient le pied... et les guides de nos peuples comprirent qu'il n'y avait que la fuite pour toute réponse.

C'est ainsi que le fossé entre ce qui devait devenir deux mondes différents se creusa jour après jour. Lorsque la violence et l'agression sont semées, hélas, on ne les retient pas dans le périmètre d'un champ. Leurs graines s'envolent et s'implantent en chacun. Voilà pourquoi à notre tour, nous fûmes touchés par la maladie. Nous apprîmes les lois de la violence et de l'emprise sur autrui, tout d'abord en nous défendant, puis par une sorte d'imitation car il y avait une pulsion qui voyageait d'âme à âme et qu'aucun ne pouvait stopper.

Un nouvel agencement du monde se mettait en place où chacun se retranchait derrière d'invisibles mais effrayantes barrières. Ce fut le temps où l'humain commença à découvrir qu'il pouvait aimer la chair et en tirer une force insoupçonnée. Alors, son corps et son cœur entrèrent définitivement en mutation,[1] préférant l'amnésie à la lucidité. Il y avait l'homme d'un côté et l'univers de l'autre, qu'il sentait hostile à force de le nourrir de sa propre agressivité.

Tout ceci n'est pas un conte, frères humains, et c'est un peu pour cela que demeure en vous une vieille, vieille nostalgie qui vous fait souffrir. Il y a si longtemps que vous êtes pris au collet que vous avez tendu et que vous êtes ligotés dans vos propres pensées... Voilà pourquoi il vous faut maintenant beaucoup de simplicité et d'humilité pour réapprendre à écouter, à voir, à parler.

Pourtant, sachez-le par ma voix, mon peuple ne cherche pas à donner de leçon au vôtre. S'il le redoute toujours, il

---

1 - L'appendice est un vestige de l'appareil digestif humain qui, en ces temps très lointains, recevait une nourriture exclusivement végétarienne.

en connaît aussi toute la richesse et c'est en cette puissance-là, en celle qui est étouffée, qu'il veut croire malgré tout. La pureté ne disparaît jamais... elle peut juste se laisser recouvrir d'écailles.

Ainsi, vous n'accomplirez pas un retour vers votre propre source sans accepter de retrouver en nous les compagnons de route d'autrefois... car nous sommes une des clés par lesquelles votre cœur s'ouvrira. »

Interrompant là son enseignement, la conscience du lièvre paraît alors fouiller en elle-même. Seule la respiration de l'animal et l'impression de chaleur dégagée par la terre elle-même nous rappellent à l'instant présent. Pendant un court moment au cœur de cette immobilité, nous avons la fugitive sensation de capter de lointains aboiements puis, tout s'estompe, laissant à nouveau place à une extraordinaire vacuité.

« Laissez-moi vous dire encore... fait la conscience de l'animal. Laissez-moi vous dire que depuis fort longtemps l'âme animale a compris que tout ce parcours n'est pas une erreur au sens où vous l'entendez. Une chute n'est ni totalement une erreur, ni réellement le fruit d'un oubli de *quelque chose*. Elle ressemble à un chemin de traverse cahotant ; elle est un méandre de l'âme qui expérimente sa liberté. Vous vous êtes brûlés mais essayons de voir ensemble au-delà de cette brûlure... En elle, en sa douleur, se cache un maître de sagesse. Et celui-là vous enseigne, nous enseigne, bon gré, mal gré ! Il parle en silence à nos âmes tandis que nous étouffons. Il parle et répète sans cesse sa leçon jusqu'à ce que nous en intégrions les joyaux, les uns après les autres, durant des temps infinis s'il le faut.

Avec bon nombre de mes frères, je vois trop bien que si vous êtes les artisans du mal qui asphyxie ce monde, vous pouvez également en devenir les rédempteurs. A chaque fois que l'un de nous meurt sous les coups de l'homme ou est écrasé par son mépris, l'homme lui-même se retranche de la Nature et, ce faisant, se coupe un peu plus de son essence... car la race humaine, voyez-vous, est simplement un élément de cette Nature... parmi d'autres.

Que diriez-vous de votre main si, sans cesse, celle-ci frappait et blessait le corps qui l'a générée ?

Elle serait l'instrument d'un lent mais permanent suicide.

Si je vous dis "apprenez à nous aimer" c'est aussi une manière de vous dire "apprenez à vous aimer". De vous à nous, de nous à la Création et de la Création à vous il n'y a qu'un pas que le cœur franchit allègrement.

Vous vouliez prouver ou vous prouver que vous êtes les maîtres de ce monde. Voilà qui est fait d'une certaine manière. La liberté vous en a été donnée durant des millions d'années. Mais de quelle maîtrise s'agit-il ? A chaque fois que votre doigt presse une détente ou qu'un scalpel nous dépèce dans un laboratoire, ce n'est pas de maîtrise dont il est question mais d'esclavage, car si la soif de pouvoir est à ce point inextinguible en vous, elle ressemble bien à ce boulet que vous tirez.

Sans doute êtes-vous surpris que l'âme d'un lièvre, au fond de son terrier, puisse ainsi s'exprimer. Sans doute placera-t-on la réalité de mes paroles au rang des fantaisies. En effet, comment un animal pourrait-il à ce point connaître l'univers et le cœur des humains ? Par le seul fait que la Vie n'a pas tout dit à travers votre peuple...et par le fait également que l'Amour fait fleurir une intelligence dont vous n'avez pas idée. Cette intelligence ne nous rendra jamais hommes, certes. Elle fait mieux que cela. Elle transforme notre souffle et lui apprend à être tout simplement... humain. »

Le mot a été prononcé. Depuis quelques instants, il voltigeait autour de nous tel un insaisissable papillon dont on pressent le chatoiement des ailes. Avec une acuité particulière, nous en percevons toute la justesse. Etre humain ! Si ce critère signifie autre chose que ce dont nos sociétés font montre quotidiennement – et cela semble exact – que nous reste-t-il à faire ? Probablement à nous débarrasser de cette arrogance selon laquelle nous avons ordonné le monde et dont nous avons fait une qualité... humaine.

Tandis qu'un silence intérieur total nous a rejoints dans ce repli de la terre, la respiration du maître-lièvre s'est soudainement suspendue.

Dehors, à l'air libre, les aboiements perçus tantôt paraissent s'être fortement rapprochés. Presque aussitôt, c'est un coup de feu, puis deux, puis trois qui retentissent. Des hommes sont là... nous le savons, à quelques centaines de mètres à peine. Leurs silhouettes, leurs vêtements de velours et leurs bottes brunes viennent s'imprimer spontanément sur notre écran intérieur. En une fraction de seconde il nous semble percevoir l'éclat de leurs fusils et les oreilles dressées des chiens.

« Ils nous traquent... » Et, prononçant ces mots au-dedans de notre poitrail, nous avons pendant quelques minutes intenses la puissante sensation de ne plus faire qu'un avec le lièvre. Nous sommes de son peuple, blottis avec lui dans cette grotte qui devient alors une matrice chaude, sécurisante... mais où la peur aussi se faufile parfois.

Pourquoi ? Pourquoi tout cela ?

Dehors, aussi sûrement que si nous avions toujours vécu là, nous savons une touffe de romarin à quelques enjambées sur la droite, derrière une grosse pierre. Si les chiens s'en approchent et y laissent leur odeur... elle sera souillée et il faudra la contourner jusqu'à la nouvelle lune. C'est elle qui viendra tout laver. Elle redistribue les forces.

Une perception intime des choses nous dit aussi que c'est elle qui ordonne le rythme de la vie du peuple lièvre et de mille autres habitants du sol de la Terre. En ses phases, en son rayonnement, se lit le jour pour creuser un nouveau gîte, pour jeûner ou au contraire pour se nourrir de telle herbe plutôt que de telle autre. Elle parle à travers la terre, le roc et les racines. Nul besoin d'aller la contempler chaque nuit ; elle génère de ces qualités d'heures, de jours et d'années que ne savent plus compter les hommes. Le temps qu'elle impose au peuple lièvre est si différent !

En nous, une secousse vient brutalement absorber le flot de ces perceptions. Une de ces secousses qui ébranlent parfois le corps de l'âme lorsque celui-ci a abandonné sa tunique de peau. Emportés dans une spirale, nous nous retrouvons hors du terrier, à l'air libre, la conscience encore expansée par ce qu'elle vient de vivre.

Une fine pluie recouvre la montagne et la garrigue. Ses gouttelettes scintillent tels de petits joyaux diaprés qui mènent chacun leur propre danse, leur propre vie. Avec les yeux de lumière, tout serait si beau s'il n'y avait derrière cette colline, près d'une touffe de cyprès dont on aperçoit les cimes, la présence de l'homme accompagné d'une meute de chiens. Alors, en un millième de seconde, nos consciences se projettent à leurs côtés, dans le lit asséché d'un petit ruisseau. Il y a là deux hommes, fusil sous le bras, la mine théâtralement grave, comme si leur vie allait se jouer dans l'instant qui vient, puis, sur le coteau, devant eux, une troupe de chiens qui court et s'agite.

La silhouette de l'un des chasseurs ne nous est pas totalement étrangère. Une démarche un peu saccadée... un chandail gris et puis... et puis il y a ce chien là-bas qui gambade à part des autres.

Un bref regard de l'âme suffit, nous avons reconnu Tomy.

Avec son air pataud et rêveur, il semble peu concerné par ce qui se passe. Quelques branchages que le vent balaie, des flaques d'eau et le sourcil sombre de son nouveau maître, voilà tout ce qui retient son attention. Les autres chiens, quant à eux, paraissent ne faire qu'un seul et unique corps. Entre deux jappements, ils palpent l'air, flairent la moindre pierre et parcourent dix fois le même chemin selon un mouvement qui ressemble presque à un rituel.

Jetant un coup d'œil dans la direction de Tomy, l'un des deux hommes hausse les épaules et lâche alors une pensée que nous captons au vol.

« Pas la peine... on n'en fera rien ! »

Et aussitôt, le chasseur, excédé, crie en direction de Tomy ; il l'appelle d'un nom que nous ne saisissons pas... mais le jeune chien ne se sent toujours pas concerné par ce qui se passe. Occupé à boire l'eau d'une ornière, il ne réagit pas.

« Il n'appartient pas vraiment à la même famille... Regardez les autres gravir ce tertre d'un seul élan ; ils agissent comme le ferait un être unique téléguidé. »

La voix-guide vient à nouveau de se manifester. Issue de partout à la fois, ferme et douce, elle emplit notre espace intérieur avec sa tranquillité qui apaise.

« Nous nous le sommes toujours demandé... Y-a-t-il autant de différences entre deux animaux de la même espèce, qu'entre deux humains ? »

80

« Très souvent. Ne doutez pas de cela. En fait, vous devez distinguer trois classes bien distinctes chez vos frères animaux. Ceux qui sont très proches de l'homme, qui recherchent intensément et presque exclusivement sa présence, ceux qui en sont simplement proches, qui acceptent sa présence et s'y soumettent, ceux enfin qui la fuient. Cela est vrai pour toutes les espèces qui vivent sur cette Terre. De même, parmi les hommes, toutes proportions gardées, il en est qui s'attachent à rechercher le contact avec la Pure Lumière Divine, d'autres qui se fixent sur ses reflets terrestres, souvent figés dans ses diversités et enfin d'autres encore qui la nient ou s'en écartent le plus possible.

La vieillesse d'une âme se manifeste dans tous les règnes, voyez-vous. A l'intérieur de la même espèce, il n'y a pas deux de vos plus jeunes frères qui soient parfaitement semblables.Ils ont chacun leur histoire, leur itinéraire personnel, d'autant plus personnel qu'ils se rapprochent de l'homme de vie en vie.

Tomy, vous le voyez, manifeste déjà une indépendance qui le rend imperméable à certaines impulsions venant de la conscience-groupe de son espèce. A sa façon, il est un rebelle. Il commence à vivre une crise intérieure, une mutation profonde qui l'amenera progressivement à se créer un véritable corps mental. Dès lors, il n'aura plus rien à faire parmi le peuple animal.

Comprenez-moi, une âme-groupe ressemble un peu à un père qui maintient ses enfants sous sa coupe. Durant toute une période, celui-ci leur insuffle ce qu'il peut de sa force, de son savoir, leur pose certaines limites comme autant de garde-fous ; puis vient un temps où il sait qu'il va être rejeté. Il vit alors la rébellion de ses enfants et il croît lui-même à travers cette nécessaire rébellion qui est le signe d'une inspiration nouvelle de la conscience. L'âme de Tomy en est à son adolescence, ce qui signifie, ne vous y trompez pas, qu'elle est déjà bien vieille dans le monde animal. Son apparente insousciance dans ce contexte de chasse révèle surtout son besoin d'autonomie. Il faut que les hommes apprennent à discerner les animaux qui, à leur image, s'écartent des réflexes inhérents à leur race car les pensées qu'ils développent sont le réel ferment de leur espèce.

Ceux-là sont analogues à ces philosophes qui, les uns après les autres, font gravir à l'humanité un échelon supplémentaire vers la connaissance de soi.

Maintenant, observez Tomy qui gravit ce monticule et sachez que tous les animaux qui parviennent à cet état de conscience se forgent ce que vous pouvez appeler un destin. Le simple fait de prendre sa vie *en main*... ne serait-ce que jusqu'à un certain point, d'expérimenter le choix en subissant de moins en moins une loi... génétique, met en place une destinée, un chemin précis dont on tente de se souvenir, une fois incarné, afin d'étancher la soif de l'âme.

Observez Tomy. Voyez comme il continue de se tenir à l'écart, comme il se laisse de plus en plus distancer par la petite troupe, en traînant dans les épineux. Quelque chose en lui, cette dimension purement verticale dont je vous parlais tantôt, sait très bien que son destin ne s'inscrit pas auprès de ces chasseurs et de leur meute. Autre chose l'attend, il n'en a pas la claire vision mais peu importe.

Il est comme ceux des vôtres qui, à un moment donné de leur vie, sans en pénétrer réellement la raison, savent que leur route doit changer et qui abandonnent alors leur région natale, leur profession, leur croyance et parfois leurs amis. Tout cela parce qu'ils ont entendu un appel.

On nomme souvent cela folie, inconscience ou goût de l'aventure mais la plupart du temps on oublie d'y voir un incontournable virage motivé par la Destinée qui s'exprime en filigrane en soi. »

« Une chose nous surprend, intervient soudain l'un de nous. Ce lièvre... ce lièvre au rythme duquel nos âmes pulsent encore, comment peut-on concevoir qu'une conscience telle que la sienne puisse demeurer emprisonnée dans un corps aussi fragile, aussi... limité dans l'action, que le sien ? Comment concevoir également qu'un animal plus jeune que l'humain sur le chemin de l'existence, même s'il apparaît comme un initié ou un maître de sagesse dans son règne, puisse manifester une telle connaissance de l'histoire de notre monde, un tel sens de l'expression et du sentiment juste ? Nous ne voyons pas ce qui n'en ferait pas un humain dans l'heure qui suit ! »

La voix-guide nous a écoutés en silence puis nous avons senti comme la présence de son sourire s'esquisser au-dedans de nous.

« Pourquoi ? fait-elle enfin. Vous voulez savoir pourquoi ? Parce que l'âme qui vit dans le corps de ce lièvre est en fait une âme humaine. C'est l'âme d'un grand Etre, celle d'un homme qui, parmi les siens, a déjà parcouru un très très long chemin. Les Orientaux diraient qu'elle est celle d'un Boddhisatva, c'est-à-dire d'un homme qui, libéré des entraves de l'ego, a choisi de demeurer un temps encore sur cette Terre, plutôt que de poursuivre son ascension vers des sphères de Vie plus lumineuses. Cela pour aider ses semblables. Et ses semblables... une âme peut les trouver chez ses plus jeunes frères. C'est une des plus belles preuves d'amour et d'abnégation que l'on puisse imaginer, l'offrande d'une vie pour que toute une espèce croisse un peu plus rapidement.

Cependant, amis, n'en déduisez pas que tous les animaux qui sont les guides de leur peuple soient pour autant des Boddhisatvas. Loin s'en faut. Il en est juste quelques centaines de par ce monde. Cela demeure exceptionnel, car jamais une âme humaine, si elle n'est investie d'une semblable mission d'éveil, ne se réincarne dans un corps animal. Dans ces rares cas, le souvenir de son passé humain lui est alors partiellement estompé. Elle se sent animale, porteuse souvent nostalgique de toute la lumière d'un azur incrusté en elle et c'est ainsi, par son intermédiaire, qu'un peuple s'éveille davantage. Mais... dites-moi, lorsque votre grand Frère, à vous les hommes, celui que l'on nomme le Christ, est venu adombrer un corps de chair, il y a quelque deux mille années, n'a-t-il pas agi selon la même loi d'amour ? La conscience de l'homme, dites-moi, n'est-elle pas aujourd'hui encore... animale, face à un tel Etre ?

L'Amour absolu fait parfois accepter une prison afin d'en écarter les barreaux... pour autrui ! »

Recueillant ces paroles avec une certaine émotion, nos deux êtres se sont alors doucement élevés au-dessus de la garrigue et de ses collines battues par la pluie.

En buvant le silence que procure la paix du cœur, ils ont découvert des vignes et quelques oliviers près des ruines d'une vieille bergerie. Puis, ils ont survolé une dernière fois deux hommes, fusils en bandoulière, pauvres silhouettes précédées d'une meute de chiens ivres de liberté. Enfin, ils ont découvert Tomy. Tomy qui court à belles enjambées, tout là-bas, vers le Sud, vers d'autres collines, comme si on l'y appelait.

Chapitre IV

« Un monde aussi organisé que le vôtre... »

De longues journées d'hiver se sont écoulées, grises, pluvieuses, juste propices à rechercher en soi les traces du Soleil. Nous avons attendu un signe... mais aucune nouvelle de Tomy ne nous est parvenue.

En nous est demeuré simplement le souvenir de sa silhouette trottant quelque part du côté des Alpilles. Jusqu'à ce jour, la voix-guide non plus n'a pas réapparu dans notre vie. Sa présence, pourtant, sa vibration sont toujours là, quelque part. Il nous semble parfois les sentir se glisser jusqu'au bout de notre plume pour former d'autres mots derrière les mots.

Souvent, bien sûr, nous nous sommes questionnés sur son identité et puis, l'interrogation est tombée d'elle-même, inconsistante, sans objet.

Alors, nous avons continué d'attendre... et cela jusqu'à ce soir, jusqu'à cette nuit où, entre la veille et le sommeil un petit déclic s'est fait entendre au centre de notre crâne. Exactement comme si quelqu'un y actionnait un interrupteur... ou comme si une étincelle venait de s'y manifester. Alors, la modification a commencé. Ainsi qu'à l'habitude elle nous a plongés dans un état d'étrange lucidité, un état où la conscience éprouve l'indicible sensation de se visiter elle-même, de se pénétrer dans ses moindres méandres... et où tout peut arriver. Au cœur même de cette expansion dans laquelle la vie prend un autre relief, il nous est un instant venu à l'esprit que la psychologie ou la psychanalyse appelleraient sans doute cela d'un nom savant. L'idée nous a amusés puis nous l'avons laissé passer, sans avenir, sans objet, elle non plus.

C'est le moment précis qu'a choisi *la* voix pour se faire entendre à nouveau.

D'abord grave et chaude, elle est maintenant devenue presque cristalline, plus proche, peut-être plus intime.

« Allons, fait-elle, levez-vous ! Glissez-vous hors de votre corps, dégagez-vous et surtout maintenez ce cœur, votre cœur, comme une coupe prête à s'emplir, prête à se déverser en même temps... »

Quelques brèves minutes ont suffi pour que nos âmes amorcent le voyage, une fois de plus. De longues inspirations... puis ce merveilleux sentiment venu d'on ne sait où et qui fait que l'esprit se perçoit au-delà de la forme puis se prolonge telle une onde. Voilà... nos vêtements de chair sont abandonnés pour un temps et, pour la première fois, il nous semble nous trouver face à la Présence.

Tout au moins, c'est son regard qui se laisse capter. Mais, est-ce d'ailleurs bien un regard, ou plutôt n'est-ce que cela ? Ce qui se tient devant nous ressemble à un point lumineux, une sorte de joyau palpitant au centre d'une flamme qui ondoie. Et, à travers ce point, c'est toute une vie qui s'exprime. C'est une conscience qui nous reçoit et nous sonde, nous aime et appelle elle-même à l'Amour.

« Oh oui... » dit-elle alors, comme si elle avait perçu dans notre cœur quelque chose encore inconnu de nous.

Puis son ton change, s'affermit, sa flamme grandit, se teinte d'émeraude et nous entraîne loin, loin de nos corps.

En un tourbillon, nous nous sentons déjà immergés dans les parfums nocturnes d'une Provence hivernale.

« Regardez dans ce fourré... oui, contre le gros rocher, presque au-dessous... »

Nous sommes dans ce qui ressemble à un sous-bois. Partout, des quantités de petits arbres offrent leurs branches dénudées à la lune et aux cieux. Le sol, lui, est à demi-couvert de taillis tandis que, plus près de nous, les silhouettes sombres de grands pins maritimes s'élèvent fièrement. Et puis, il y a un gros rocher, là-bas, droit devant nous. Sous la lueur blafarde de la voûte céleste, les yeux de l'âme le perçoivent presque recouvert d'un manteau bleuté, doux comme le velours. Nous l'approchons... Dans un creux de terrain, à sa base en partie cachée par des broussailles, une boule de poils est blottie sur elle-même.

« C'est bien lui, c'est Tomy, intervient la voix-guide. N'ayez crainte pour lui. Même si son être est pris de petits soubresauts, cette nuit lui est propice. Certes, vous le verrez, son corps est amaigri et faible mais quelque chose en lui a changé durant toutes ces semaines. Quelque chose a grandi. »

« Il a donc erré, seul, pendant ces jours et ces nuits ? Nous le croyions guidé par une certitude, par la connaissance intuitive de quelque lieu. Est-ce cela son destin, le vagabondage ? »

« Ne soyez pas si pressés ! Non, toutes ces semaines passées ne l'ont pas vu errer inlassablement. Tout d'abord, il est allé de village en village, cherchant à travers les hommes rencontrés, le ou les regards que la conscience de son espèce a gravé en lui. Il en a reconnu quelques-uns dans la cour d'une petite école non loin d'ici. Tout d'abord parmi un groupe d'enfants puis au bout de la main tendue du concierge. Je dis bien... au bout de la main, car voyez-vous, pour vos frères animaux, la lumière d'une main parle tout autant que la douceur d'un regard. Elle tient son propre langage qui est perçu aussi aisément que celui des yeux.

Vous avez un pinceau de lumière au bout de chaque doigt. Chacun d'eux est une onde faite pour caresser et vous vous en servez si peu ! La caresse est une parole, voyez-vous ! L'animal sait l'écouter mieux que quiconque. Il la reçoit au-delà du bien-être physique qu'elle lui procure ; il y lit une force, une volonté, une finalité qui viennent de l'âme et ouvrent son cœur.

Pendant près de deux semaines, Tomy est resté sous un appentis de cette école. L'homme lui avait bâti une niche à l'aide de quelques cartons et avait pris plaisir à le nourrir avec les restes du repas du midi. Puis le vent s'est mis à souffler différemment...

Un homme au costume bleu sombre et au front dégarni a fait comprendre au protecteur de Tomy que la place d'un chien n'était pas là, qu'il lui fallait tout au moins une laisse, une bonne grosse chaîne attachée à un piquet... "Avec les enfants, vous savez..."

Alors, Tomy a compris. Il a compris rien qu'en regardant les couleurs de la discussion et les doigts nouveaux qui se pointaient vers lui. Il est parti en pleine journée. Quand la chaîne est apparue. C'était il y a une semaine... et, depuis ce temps, il cherche à se souvenir d'autres regards inscrits en lui. Il attend d'en percevoir la trace.

Sachez qu'il en est ainsi pour tous vos frères animaux. La logique de leur âme n'est pas celle de la vôtre. Ce qui vous semble une errance n'est souvent qu'une attente. Celle du juste moment, du lieu précis, des silhouettes et des visages qu'il sait devoir rencontrer. Oh, bien sûr, cela ne passe pas par un raisonnement, vous diriez une conscientisation, identique à ce que pourrait développer un humain. C'est la recherche d'un souvenir... celui d'un rendez-vous pris, souvent en un autre temps, un autre espace. Un rendez-vous qui a sa valeur, sa fonction pour les deux parties en présence.

Lorsque deux êtres sont destinés à se rencontrer, c'est-à-dire souvent à se retrouver, lorsqu'ils sont appelés à s'aimer, dites-moi, lequel adopte l'autre ? Lorsqu'avec nos yeux animaux nous vous observons et que nous vous entendons dire « j'ai adopté un chien, un chat, un lapin, une oie... » c'est toujours pour nous une source d'étonnement. En effet... posez-vous la question de savoir lequel de l'animal ou de l'homme a reconnu l'autre. Lequel a ému l'autre au point que celui-ci se dit avec des mots de silence, "c'est lui, c'est moi..." ?

Plus que l'immense majorité des humains, vos frères animaux savent à la rencontre de qui ou de quoi ils doivent aller. Certains perçoivent clairement que la route inscrite en eux n'est pas nécessairement celle du bonheur mais ils la suivent parce que c'est la leur et qu'elle a sa raison d'être. »

Nos âmes tressaillent en entendant ces paroles.

« C'est à la fois merveilleux et difficile... Faut-il parler de confiance, de résignation ou d'absence de liberté ? En voyant Tomy recroquevillé dans ce taillis, nous ne savons que penser. »

« Vous pouvez parler de confiance, oui, car la conscience de l'instant présent est la perle précieuse que la Vie offre au monde animal. Mais, bannissez le terme de résignation car, si vos plus jeunes frères subissent l'homme, ils ne subissent pas leur propre existence aussi souvent que vous pourriez l'imaginer.

Quant à la liberté... que signifie-t-elle ? Y en a-t-il une définition absolue et achevée pour tous les règnes de la Création ? Elle se trouve en soi et non pas à l'issue d'une lutte de pouvoirs ou d'influences. N'y aurait-il pas, comprenez-moi bien, *la* Liberté et *les* libertés ?

Si vous parlez des libertés au pluriel, certes le monde animal en dispose infiniment moins que le monde humain. La Terre n'est-elle pas sous dictature humaine ? Tout n'y est-il pas orienté pour le profit de votre règne ?

Maintenant, si vous voulez que nous parlions de Liberté au singulier, laissez-moi vous dire que la naissance complète de l'ego dans un corps en fait longtemps perdre le sens et la perception. Car cette liberté-là, mes amis, n'est pas un mythe. Elle a toujours existé pour ceux qui ont le bonheur de voir la Vie et les vies en raccourci, c'est-à-dire, pour ceux qui savent se tenir près de la Source, en altitude. Si vous parlez donc de cette Liberté, alors, oui, vos frères animaux la possèdent car les consciences qui mûrissent à travers leurs corps savent bien qu'elle ne se mesure ni à la maîtrise d'une foule de techniques ni au pouvoir que l'on a sur autrui. Elle est, de toute éternité, un potentiel de transformation et d'illumination qui se rit de tous les écueils.

Mais approchez-vous de Tomy et laissez une nouvelle forme de silence envahir votre âme car ce n'est guère pour vous entretenir de tout ceci que je vous ai fait venir à ses côtés. Il faut que vous découvriez... quelque chose d'autre. »

Sous la lune pleine et les étoiles qui paraissent se balancer au firmament, nous nous trouvons soudainement seuls avec Tomy. Qu'attend-t-on de nous ? Peut-être nous faut-il nous prolonger vers lui, le caresser de notre présence, lui murmurer quelques mots dans le creux de l'âme… Mais, entendra-t-il seulement ? Nous l'approchons alors, presque timidement, jusqu'à ce que nos auras se confondent et qu'il se produise entre elles cette sorte de fusion que fait naître un désir de paix.

« Tomy… lançons-nous alors du fond de notre cœur, Tomy ! »

Mais, les minutes passent et Tomy ne réagit pas. Nous comprenons alors que son âme vogue certainement sur une mer qui n'est pas la nôtre, qu'elle visite peut-être une terre à laquelle nous n'aurons jamais accès.

Un peu en dessous de nous, son petit corps lové à l'abri de la roche continue de tressaillir de temps à autre et pousse parfois de discrètes plaintes. Tomy rêve. Puis, brusquement, alors que nous nous abandonnions sereinement à sa présence, deux gros yeux ronds et jaunes font irruption dans notre conscience. Nos âmes amorcent un mouvement de recul… mais déjà ils ont disparu. Un instant, sous la surprise, nous craignons que nos corps de chair ne nous rappellent puis, enfin, tout s'apaise. La lune se trouve bien là, à nouveau rassurante au-dessus de nous tandis que Tomy soupire bruyamment. Nous ne comprenons pas ce qui s'est passé, et tout pourrait s'arrêter là. Pourtant, avec la même soudaineté, les deux yeux ronds viennent nous rejoindre une seconde fois au-dedans de nous, muets, mais si profonds, si intenses que l'on s'y noierait.

Cette fois, ils demeurent fixes et tandis qu'ils occupent tout notre champ de vision, un sentiment inhabituel nous envahit. C'est un sentiment duel, fait d'une sorte d'inquiétude mêlée de respect. Il est aussi nourri de sérénité et d'admiration, enfin de curiosité teintée de prudence. Ose-rons-nous faire un pas vers eux, en eux ? Car ils nous y invitent, c'est certain. Ils nous observent mais aussi nous aimantent.

Un sursaut saisit alors notre âme qui se raidit comme si elle sentait fuir son identité.

Le regard s'est estompé bien vite et nous redécouvrons Tomy, ankylosé, qui se lève et se secoue péniblement l'échine. Que veut-il donc ? Le voilà qui hume l'air de la nuit et qui se met à trotter en direction des grands arbres.

Intuitivement, nous sentons que son réveil n'est pas étranger à ce que nous venons de vivre. Il semble même, dans l'instant présent, y avoir une certaine perméabilité entre nos êtres respectifs. En effet, des perceptions qui nous sont inhabituelles, des sentiments difficilement exprima-bles se mettent peu à peu à nous envahir. C'est une allé-gresse presque fébrile, une curiosité avide, insouciante, mais aussi une sorte d'inquiétude, de méfiance qui nous traversent.

Enfin, nous croyons nous déplacer au ras de la terre caillouteuse, nous enfoncer dans les broussailles et dé-couvrir de minuscules insectes, brillants comme des saphirs et agrippés à des brindilles sèches.

La joie que nous ressentons à travers tout ceci est presque d'ordre pulsionnel. Incontrôlable malgré tout ce qui s'y mêle, elle nous procure la fascinante certitude de pénétrer la notion d'*instant présent* telle que certains animaux peuvent la vivre. Un présent qui ressemble à une matière qui s'étire, qui demande à être bue, à être mangée, à être absorbée dans sa totalité avec une formidable sen-sation, celle que chaque caillou de la terre, chaque arbre, est une surprise vivante.

En sa magie et par la puissance des informations nouvelles que ce présent insuffle en nous, nous découvrons une étonnante soif de vivre où le moindre pas s'accomplit en une contrée inconnue. Sans doute y-a-t-il là quelque chose de cet élan du cœur à redécouvrir à travers la quête que nous menons tous. Et il nous vient à l'esprit que la simplicité en est peut-être à la fois la clé et le moteur. Le futur, cette autre manifestation de nous-mêmes que nous voudrions tant voir éclore, se résorbe tout entier dans une telle perception immaculée du présent qui s'éternise.

Au cœur de cette nuit dans la forêt, nous en avons la certitude absolue, transpire un secret auquel nos frères animaux ont encore accès.

Tandis que ces pensées virevoltent en nous, un grand bruit vient brusquement emplir l'espace. Il évoque un battement d'ailes, large et puissant. Tomy, pendant ce temps, se tient devant nous, assis sur son train arrière, le museau levé vers la cime d'un petit arbre.

Perchée sur une branche dénudée, une forme grisâtre, presque blanche, paraît l'observer de toute sa hauteur. C'est une chouette, pâle et immobile, comme les photographes aiment souvent à nous les montrer.

Le chien, quant à lui, n'a pu retenir un jappement discret mais qui perce pourtant la quiétude du sous-bois. Alors, peut-être pour y répondre, l'oiseau a déployé ses ailes à demi puis a gonflé son plumage tout en continuant de l'observer. Enfin, le silence, à nouveau, est parvenu à étendre son manteau.

Tout d'un coup, le regard si jaune et si rond venu nous chercher l'instant auparavant acquiert sa pleine signification. Mais est-ce bien nous, d'ailleurs qu'il est venu visiter ? Ne serait-ce pas plus justement à Tomy qu'il s'adresse, à Tomy dont nous avons pénétré sans le vouloir le champ de conscience ou le rêve, peut-être ?

En effet c'est bien Tomy que la chouette regarde. Notre ami, lui, paraît vouloir s'installer là, sous l'arbre, car il s'y est étendu sur le ventre, le museau toujours dressé en direction de l'oiseau. On le croirait fasciné et nul doute en effet qu'il ne se produise quelque chose. Avec les yeux de l'âme, nous percevons un étrange ballet de formes lumineuses qui circulent doucement entre les deux animaux. Celles-ci sont d'une blancheur azurée et semblent être des émanations de leurs auras respectives, en tous points analogues à celles que produisent les humains lorsqu'ils conversent.

Ce que nous avions toujours pressenti paraît vouloir se confirmer ici : une communication peut bel et bien s'établir entre animaux n'appartenant pas à la même espèce.

« Pourquoi donc un chien, un chat, un cheval, un oiseau ou tout autre animal ne feraient-ils que se croiser ? Quelle étrange idée avez-vous, vous les hommes, de ce que peuvent être les échanges entre les êtres ! Il faut voir bien au-delà de la forme que prend la pensée. Parfois celle-ci s'habille de mots... mais souvent elle n'en a que faire. Elle sait se déverser d'une conscience à l'autre, y faire naître des concepts, des éclairs de compréhension. Les phrases sont des vêtements, voyez-vous. Lorsque vous changez de contrée, elles ne sont plus adaptées. Voilà pourquoi les animaux échangent leur sensibilité, leur énergie et tout ce qui traduit l'Universel en eux. »

Ces quelques paroles nous sont allées droit au cœur. Nous nous croyions seuls, un peu démunis sur la frange d'un monde si difficile à pénétrer et voilà soudain que nous reprenons conscience de l'omniprésence de la voix-guide, de son attitude attentive, de son souci de nous instruire afin que tant de choses soient dites.

« Oui, reprend-elle, les animaux, surtout lorsqu'ils appartiennent à des familles par trop différentes, échangent réellement leur sensibilité et leur énergie. Ils savent faire voyager, d'une conscience à l'autre, des impressions, des émotions issues de situations vécues, des images de lieux précis. Et tout cela constitue une connaissance, une véritable mémoire dans laquelle chacun peut puiser pour mieux se gouverner parmi les écueils quotidiens. Une mémoire ne trahit pas ainsi qu'un mot peut le faire. Cette connaissance représente également un échange énergétique. Lorsque le besoin s'en manifeste, il arrive même aux plus évolués de vos frères animaux de se faire un don de force vitale et psychique.

Il s'agit alors d'une véritable thérapie, d'un souffle qui se communique. Ainsi, la loi du « chacun pour soi » ne se vérifie pas davantage dans le monde animal que dans le monde humain. Elle n'a aucun sens partout où il y a de vieilles âmes. Je vous dirai seulement à ce propos que l'animal à la différence de l'homme ne sait pas mentir. Il est intégralement lui-même dans ce qu'il accomplit. Il ne fera jamais mine d'offrir dans un quelconque intérêt ou pour paraître autrement que ce qu'il est. S'il offre son énergie à l'un de ses semblables... ou même à un humain, c'est dans l'amour et la gratuité totale. Il ignore le calcul à ce niveau-là de son être. »

« Mais dis-nous alors... cette *loi de la jungle* que l'on constate régulièrement avec effroi, on ne peut pourtant la nier ! »

« Elle est une réalité là où l'équilibre de l'espèce conserve la primauté sur l'individu. Là où chaque animal, simple cellule d'un tout, s'efface devant une autre cellule plus dynamique, plus résistante qu'elle, la conscience-groupe d'une espèce gère tout, voyez-vous. Comprenez surtout qu'il n'est nullement question de cruauté au sens où vous l'entendez. Les notions de bien et de mal oscillent souvent d'un univers à l'autre, leurs limites ne sont pas perçues par tous au même degré. Seule la sagesse véritable permet de distinguer une finalité lumineuse derrière ces apprentissages successifs. Ainsi donc, si une conscience collective permet la manifestation de ce que les hommes conçoivent en tant que cruauté ou réflexe primaire, c'est parce qu'elle évolue et s'exprime avec ce regard, cette orientation.

Contrairement à l'animal isolé, elle est douée d'une vision à très très long terme, infiniment plus pénétrante et patiente que celle de l'homme.

Approchez-vous maintenant de votre sœur la chouette. Non, ne faites pas se mouvoir la forme lumineuse de votre âme. Je veux dire... modifiez votre attitude intérieure par rapport à elle, immobile sur sa branche. Ne la regardez pas comme des humains qui observent un oiseau, pas même si votre regard est aimant. Souvenez-vous, il y a un instant, j'ai bien précisé "votre sœur la chouette". C'est-à-dire que vous devez en apprivoiser le cœur, d'égal à égal. Si vous voulez recevoir un animal dans votre intimité, si vous voulez approcher la sienne, il n'y a guère d'autre solution. Il vous faut devenir un peu de lui-même, en quelque sorte vous acclimater à sa vibration la plus subtile. Avec les chouettes, c'est tout à fait aisé.

Il n'y a pas de hasard au fait qu'elles aient été choisies par les hommes en tant qu'emblème de la Sagesse. On vous dit que c'est parce qu'elles savent voler dans l'obscurité ou parce que leur regard impassible paraît tout englober ; mais derrière le symbole, il existe une réalité infiniment plus profonde. Elles sont dotées d'importantes capacités psychiques qui leur font facilement pénétrer la nature des choses et des êtres.

Croyez-vous donc que celle-ci, en haut de cet arbre, ignore votre existence ? Elle vous sait là et si elle ne réagit pas à votre vue c'est parce qu'il n'y a rien de plus normal pour elle. L'univers qui lui importe et dans lequel elle se déplace n'est pas uniquement physique. Le contact avec l'immatériel fait partie de son quotidien. Elle est aérienne, voyez-vous, dans tous les sens du terme. Et de ce point de vue... le chat est d'une certaine façon son frère jumeau. »

Les derniers mots prononcés par la voix-guide nous sont parvenus au milieu d'une sorte de brouillard car quelque chose dans notre conscience s'est déplacé. Est-ce une expansion de celle-ci ou sa focalisation sur un niveau de réalité très précis ? Plus que jamais nous nous sentons comparables à un émetteur-récepteur dont la sensibilité oscille d'une longueur d'onde à l'autre puis se stabilise enfin... Alors, c'est un peu comme si, seconde après seconde, nous nous sentions pousser des ailes et un bec.

Le sous-bois et la voûte étoilée ont disparu, emportés par une véritable tempête intérieure qui s'est attaquée jusqu'à notre identité elle-même. Pendant quelques instants, il a fallu que nous nous cramponnions à ce que nous sommes... ou pensons être.

Enfin un mur de lumière a explosé en silence et nous nous retrouvons derrière lui en train de survoler une route à basse altitude...

Ce sont les abords d'une ville. Il y a des oliviers, quelques lauriers et de jeunes arbres tuteurés. La campagne est calcaire, caillouteuse, et tout nous apparaît nimbé d'une teinte jaune, presque sépia. Curieusement, cette coloration nous procure la sensation de pénétrer profondément le détail des choses. Une sorte d'ivresse nous inonde, bien qu'il nous soit impossible de diriger quoi que ce soit dans notre regard. Celui-ci ne nous appartient pas. Un gros arbre apparaît soudain, tel un jalon sur le bord de la route. Puis, un bâtiment de béton, un autre encore et un troisième enfin, entouré d'un petit parking et d'une grille. Un nom sur un large panneau retient toute notre attention, en même temps qu'il fait jaillir un malaise :

"Laboratoires…"

Simultanément, une voix en nous, ou plutôt la sensation d'une présence, murmure quelques mots :

« Regarde bien… surtout pas là ! Repère cet arbre… contourne-le… très loin. L'odeur… celle du cheval. Il en passe tous les jours, ils y laissent leur peur… Non, jamais là. »

Les images qui défilent en dessous de nous se modifient à une vitesse fulgurante. Elles font songer à celles d'un film monté à la hâte et dont la succession des scènes réclame une gymnastique de l'esprit.

Enfin le malaise, l'angoisse même, sont aussitôt gommés par une sensation de liberté, presque d'allégresse face à une pinède et à un gros village donnant sur une étendue bleue : la mer.

Curieusement, il nous semble que tout cela est loin… Une voix l'affirme et c'est comme si elle promettait quelque chose en même temps. Elle rend compte d'un parcours. Non pas d'une route mais d'une direction qui parle de la résistance de l'écorce sous les griffes, du parfum du vent et d'une autre Force encore inaccessible à l'intelligence humaine.

C'est une Force verticale qui enseigne, une Force présente au cœur de l'expérience offerte à chaque instant. Elle procure une sensation de solidité...

A ce point précis, tout se brouille... l'univers sépia, la certitude de voler... Et la silhouette de Tomy réapparaît, immobile et attentive sous l'arbre. La chouette non plus n'a pas bougé. Elle lance seulement son long hululement dans la nuit et nous rappelle ainsi à une réalité plus terrestre.

C'est alors que nous prenons conscience de la signification de ce que nous venons de vivre, puis de la beauté de l'invitation que nous avons acceptée.

« Vous voyez, reprend la voix, le sentiment de fraternité n'est pas une invention humaine. L'entraide existe chez vos frères animaux. Ce que vous avez pu capter de cette chouette, Tomy l'a également vécu et enregistré. Il attend encore dans l'espoir de recueillir davantage de cet oiseau. Pourtant, plus rien ne viendra. La conscience de sa sœur la chouette a déjà regagné celle de son espèce. Elle s'adresse déjà aux siens. Avec les vibrations de son chant, elle témoigne de ce qu'elle a communiqué, elle témoigne de cette parenthèse dans sa vie où elle a donné un peu d'amour à un chien. Et là... ce sont presque des mots qu'elle utilise, des mots que comprennent seuls ceux de sa race et qui sont proches d'elle... Car il existe plusieurs langages, chez les animaux d'une même espèce.

« Voudrais-tu dire qu'une chouette de ce pays ne pourrait communiquer avec l'une de ses semblables issue d'un autre lieu du globe ? »

« Ce n'est pas vraiment cela. Elle ferait voyager sa pensée par le biais d'images ainsi que Tomy et vous venez d'en faire l'expérience. De cette façon, elle parviendrait à dire, par exemple, "Evitez cette route, prenez le gros arbre comme point de repère. Là-bas il y a un bâtiment où l'on torture ceux de notre espèce. On n'y respecte pas la vie. Contournez... allez plus loin. Il y a de l'eau, c'est beau."

Mais quant aux cris issus de sa gorge, ils ne serviraient à rien. A l'intérieur d'une même espèce, il existe des dialectes et cela est particulièrement vrai chez vos frères les oiseaux. Si un cri correspond à une situation, à un sentiment pour un groupe d'âmes, il peut être totalement étranger à un autre groupe pourtant en apparence identique au premier. Sur ce plan, la tour de Babel n'est pas qu'humaine, voyez-vous. Ces différences chez vos frères ont essentiellement été générées par le tellurisme des lieux. Celui-ci laisse toujours une empreinte dans la chair. Ce que ce tellurisme parvient à manifester visiblement chez un minéral, en donnant à une pierre ou à des cristaux une direction, un sens d'expansion par exemple, pourquoi ne l'accomplirait-il pas tout aussi bien dans un corps animé comme celui de l'animal ou de l'homme ? La mémoire de tous les lieux que nous traversons, a fortiori celle de ceux où nous vivons, reste inscrite à jamais dans notre chair et notre être. Elle parle d'elle-même par tous nos pores, bien qu'il y ait encore peu d'oreilles pour la recueillir.

La conscience de tout ceci demeure très forte chez vos frères animaux. Elle oriente une partie de leur vie, de leurs réactions. Aussi, lorsqu'ils viennent à se rencontrer, qu'ils soient issus ou non de la même famille, ce n'est jamais un "qui es-tu ?" qui est exprimé mais "d'où viens-tu ?" C'est-à-dire, "qu'est-ce que la Terre, qu'est-ce que le Ciel ont inscrit en toi ?" Alors, la mémoire de chacun s'exprime par un échange d'images, d'odeurs et de radiances subtiles. Ainsi, il ne saurait y avoir de mensonge.

100

Dès lors, amis, comprenez que lorsqu'il y a inimitié, antipathie et combat pour un territoire, ce n'est pas seulement pour une question de nourriture. C'est aussi pour assimiler, englober la mémoire du lieu convoité, parce que cette mémoire, par l'autorité et le rayonnement qu'elle procure, participe à accroître le niveau de conscience de l'animal.

Elle enrichit ses capacités de compréhension et, ce faisant, elle affine l'éventail des perceptions de vos frères dans le monde des émotions et des sentiments. N'oubliez pas que c'est par ce biais, celui des émotions et des sentiments, que l'ensemble du peuple animal grandit d'époque en époque. Il est un des ferments de l'ego qui doit absolument apprendre à s'exprimer plus pleinement. Ainsi, souvenez-vous et répétez-le par amour et pour l'Amour, souvenez-vous que bon nombre de vos plus jeunes frères dont j'ai la charge sur cette Terre éprouvent de plus en plus pleinement des sentiments que vous qualifieriez d'humains. »

« Nous l'avons toujours cru... mais tu nous as cependant mis en garde contre tout anthropomorphisme... »

La voix-guide ne répond pas immédiatement à cette question que nous n'avons pu contenir. Elle nous laisse un instant seuls avec notre interrogation. Peut-être pour que nous la mûrissions, peut-être pour donner plus de poids à sa réponse.

C'est le moment que choisit la chouette pour partir à tire d'ailes en lançant un grand cri. Pendant quelques secondes il nous a semblé que celle-ci laissait une trace blanche dans l'obscurité de la nuit puis, la perception s'en est effacée et notre regard est venu retrouver Tomy.

Debout sur ses quatre pattes, le jeune chien hume l'air et imprègne le sol de son odeur.

« L'anthropomorphisme... reprend la voix plus au-dedans de nous, plus insistante. Certes, je vous ai dit cela car derrière un bec il n'y a jamais une bouche avec deux lèvres... mais ce que l'homme doit effacer de sa conscience c'est une terrible et paralysante tendance au nombrilisme. Pourquoi l'amour, la reconnaissance, la compassion, le don, la crainte, l'angoisse, la recherche du beau et tant d'autres choses encore seraient-ils l'apanage exclusif du peuple humain ? Au nom de quel orgueil ?

Oui, vos frères peuvent éprouver l'amour et la peur, le beau et le bon, tout comme vous, n'en déplaise à ceux d'entre les hommes pour lesquels la perception de ces sentiments est assujettie à un intellect et à une raison identiques aux leurs. »

Tomy s'est remis à marcher dans la nuit et le craquement des brindilles sous ses pattes s'est peu à peu substitué au silence de la forêt. Où va-t-il, nous l'ignorons, mais la force de l'amour nous incite à le suivre, presque pas à pas à travers les fourrés... peut-être à la recherche de quelque indice fourni par l'oiseau.

Un instant cependant, nos âmes ont voulu s'élever au-dessus des arbres comme pour se prouver qu'elles étaient bien encore elles-mêmes. Alors, elles ont perçu l'immensité de la forêt, de petites montagnes aux formes dentelées et, derrière elles, la profondeur d'un ciel qui commence à pâlir.

Pour l'âme qui voyage hors de son corps, la nuit est semblable au jour qui retient sa respiration. Elle brille d'une vie intense et intime car derrière son masque transparaît toujours un autre soleil...

Cette fois, il nous tarde de communiquer avec Tomy. Après tant d'heures passées à ses côtés, il est un peu de nos amis. Sa vie nous importe. Alors, si seulement nous pouvions...

Derrière Tomy, presque dans la trace de ses pas, nous continuons d'avancer, côtoyant les toiles d'araignée couvertes d'humidité et des colonies d'insectes recroquevillés dans les reliefs des troncs. Tout un monde qui vit en marge du nôtre et qui grandit, lui aussi, à son propre rythme.

« Un monde aussi organisé que le vôtre... intervient notre invisible compagnon. L'univers des insectes est un monde d'apprentissage pour des formes de vie animées et nouvellement venues sur la planète. Celles-ci expérimentent la notion de mobilité. Elles apprennent ainsi une sorte d'autonomie, bien que toutes soient reliées à une âme-groupe toute puissante qui elle-même essaye de se structurer. La plupart des insectes proviennent, en essence, des échelons les plus avancés de l'univers végétal.

Lorsque la conscience d'une variété de plantes a tout expérimenté dans son règne, lorsqu'elle a offert à la Terre tout ce qu'il lui était possible d'offrir par sa présence subtile et son action chimique, pourquoi n'accéderait-elle pas, elle aussi, à une autre réalité ? L'Esprit Universel lui ouvre alors progressivement les portes du monde animal. Ainsi apparaissent les plantes sensitives, puis carnivores, ultimes formes de vie végétale, avant l'entrée dans le peuple des insectes.

Chaque variété d'insecte, voyez-vous, est donc une âme à part entière. Une âme jeune certes mais qui mérite tout autant de respect qu'une autre puisque son origine et son devenir sont les mêmes que ceux que la Divinité a inscrits dans votre poitrine. Chacune de ces âmes a pour mission de croître, bien sûr, mais aussi, tout en nourrissant la terre à sa façon, de développer une fonction vitale propre au monde des formes. Ainsi, telle famille d'insectes apprend par exemple la fonction *foie*, telle autre la fonction *rate* ou *rein* ou encore telle fonction infiniment plus spécialisée, comme la fonction *suc digestif* ou encore celle d'un enzyme... Car il y a de l'intelligence en tout, ne l'oubliez pas.

La découverte de la grande merveille qu'est la Vie réside justement dans cette prise de conscience capitale. L'amour du Tout en est à la fois le point de départ et la résultante.

Une seule fois dans votre vie, avez-vous songé à stopper toute activité durant cinq minutes, pour laisser naître une telle expansion de conscience ? Cinq petites minutes pour percevoir le lien d'amour et l'extraordinaire chaîne de vie qui unissent cet *apparemment rien* ou ce *si peu* que l'on voit à peine sur le sol et vous... les hommes, vous et aussi ceux qui vous précèdent sur le chemin de la croissance.

Oh, mes amis, je lis déjà dans votre esprit une sorte d'inquiétude qui soulève des interrogations, des objections !

Mais alors, vous dites-vous, quel tourment s'il faut prendre conscience, à chaque pas posé sur le sol, que l'on brise peut-être le cours d'une vie !

Sachez-le, ce n'est pas une telle attitude que la Force Universelle attend de vous. Il y a infiniment plus de conscience dans le bœuf dont l'homme fait son repas quotidien que dans la puce dont il débarrasse son chien ou dans le capricorne qui ronge la charpente de son habitation.

Respecter la Vie ne signifie pas brider la circulation de celle-ci en soi. A chaque seconde de votre existence physique, vous interrompez sans le savoir des milliers d'autres formes d'existences à la surface de votre peau.[1] La

---

1 - Les acariens.

vie se nourrit de mort... ou si vous préférez la formation se nourrit de transformation. Voilà pourquoi il est des morts que vous ne pourrez éviter... de la même façon que votre mère la Terre ne peut s'empêcher de vous engloutir lorsque son corps gronde.

Préservez la vie là où vous la voyez en danger et faites en sorte, avec l'œil du cœur, qu'elle soit le moins possible en péril, en souffrance. Voilà ce qui vous est demandé : un respect aimant et attentif. Certes pas une crispation. Une bûche que l'on porte à la cheminée cache peut-être dans ses interstices la petite présence d'un cloporte. Quelques secondes d'attention, c'est-à-dire un peu d'amour, suffisent alors à prolonger le cours de sa vie... C'est en ce sens que vous pouvez intervenir aisément lorsque au-dessus de vos gestes quotidiens vous laissez s'inscrire un regard simple, vigilant, aimant et fluide.

Maintenant... maintenant laissez-moi vous parler de l'action humaine sur l'univers des insectes, ou plutôt de l'interférence humaine. Il y a bien longtemps, disparut de la surface de cette Terre une civilisation d'hommes et de femmes dévorés par leur propre orgueil. Cette civilisation avait, selon votre langage, développé une très haute technologie. Elle avait notamment favorisé ses recherches dans le domaine de la génétique... plus loin encore que vos scientifiques ne l'ont fait aujourd'hui. Permettez-moi de ne pas employer le terme de *savants*, car le Savoir véritable est une chose si sacrée que bien peu de vos scientifiques peuvent prétendre y avoir accès. Ce véritable *Savoir* s'appelle *Connaissance* et il s'exprime par une vision, une recherche justes et harmonieuses de la pénétration de la Vie à l'intérieur de toute forme puis au-delà de celle-ci.

C'est précisément ce qui a fait défaut aux hommes, il y a des milliers et des milliers d'années. En leurs laboratoires, certains d'entre eux voulurent créer une forme de vie, un peu par jeu, surtout par vanité. Ils connaissaient la réalité des égrégores, c'est-à-dire des potentiels d'énergie issus de la pensée et qui sont capables d'influer sur la matière. Forts de ce savoir, leur but était d'alimenter des cellules issues du monde animal au moyen d'un de ces égrégores. Celui-ci en constituerait la batterie, non pas l'âme, certes, mais la contrepartie, le support éthérique. Il l'animerait. Encore fallait-il trouver un égrégore actif, résistant, constamment alimenté. Celui-ci devait aisément se fixer à un constituant fondamental de la matière, à une mémoire : le sang.

Hélas, dans leur quête d'un égrégore, ces hommes n'eurent que l'embarras du choix. La pensée humaine, individuelle et collective, dans ce qu'elle a de moins noble sait fort bien produire des énergies toxiques constamment entretenues. Ce peut être le goût de la violence, la peur ou cent autres choses. C'est d'un tel choix, d'une telle manipulation qu'est donc née cette forme de vie si résistante et si primaire que vous appelez aujourd'hui *la tique*.

La Nature, par le jeu de ses lois, génère parfois d'elle-même de semblables mécanismes. Ainsi, nombre de virus, facteurs d'épidémies, sont à leur origine première suscités par des égrégores humains à bas taux vibratoire. L'apparition d'une épidémie révèle toujours une période où un groupe humain manifeste un fort remaniement ou déséquilibre psychique... »

Avec l'apparition des tous premiers rayons d'un soleil qui blanchit timidement le ciel, la voix s'est interrompue là... Elle sait fort bien que tant de choses déjà sont à assimiler.

Tomy, quant à lui, s'arrête un instant, hésitant, levant le museau vers le ciel avant de repartir brusquement droit devant lui, comme s'il avait perçu quelque chose.

Les arbres puis les fourrés sont de plus en plus clairsemés et enfin c'est un petit ruban de bitume qui apparaît. Défoncé de toutes parts, il se faufile entre les épineux pour se perdre Dieu sait où, peut-être vers un village ou un mas isolé.

Semblant exactement connaître sa destination, Tomy en suit le tracé sur plusieurs centaines de mètres et nous l'imitons docilement. C'est alors que se dessine, au bord de l'étroite route, le corps d'un animal, allongé sur le flanc. C'est celui d'un chien que la vie a quitté.

Sans hésiter, Tomy se dirige vers lui puis, arrivé à son niveau, sans manifester la moindre méfiance ou le plus petit émoi, il se met à l'inspecter du bout de son museau.

« Oui, il est bien parti » semble-t-il dire du fond de son impassibilité.

C'est alors que, dans le petit matin tout juste naissant et tandis que nos corps de chair nous rappellent à eux, le souvenir de quelques paroles vient paisiblement nous rejoindre.

« Mourir n'est pas mourir pour un animal. C'est juste partir un peu. Et ce départ, il le voit se profiler de loin, de très loin. Il sait qu'un jour il s'en ira pour le Centre de l'Univers et que ceux que le vent emporte avant lui sont tous ses parents. Il sait que ceux-là deviennent alors des dieux auxquels il peut se confier... se confier afin qu'ils lui épargnent toute souffrance... Car la souffrance, voyez-vous, ce n'est ni la vie, ni la mort. Voilà ce qui se dit de cœur animal à cœur animal. »

Chapitre V

De cœur à cœur

Il y a quelques heures, un fait inhabituel est survenu. Le visage de Tomy nous est apparu, puis son être tout entier. L'œil étincelant de vie, l'oreille tendue, il nous observait au-dedans même de notre méditation. Pour la première fois, il nous a alors semblé être réellement face à lui.

Assis sur son train arrière et malgré son allure de jeune chien, Tomy avait presque l'air d'un sage. En le voyant venir vers nous de la sorte, nous avons essayé de comprendre ce qui se passait, mais toute question est rapidement devenue superflue.

En effet, il était bel et bien là, derrière nos paupières closes et il fallait surtout recueillir ce qu'il avait à nous livrer... si son intention était telle. Dans les replis de notre silence intérieur, nous n'avons pas eu à attendre longtemps... Un contact direct a bien eu lieu et même s'il ne dura guère plus de quelques minutes, il nous a semblé qu'il s'étirait indéfiniment au-dedans de nous.

Les pages qui suivent sont la retranscription la plus fidèle possible de son contenu. Celui-ci se présenta à nos consciences sous la forme de mots, de qualificatifs et d'images d'une extrême précision. Nous nous sommes simplement autorisés à y ajouter quelques éléments d'articulation afin d'en faciliter la lecture et d'en rendre ainsi le sens plus limpide. Puissent ces lignes être accueillies avec le même bonheur que celui qu'elles ont fait naître en nous, en se précipitant sous notre plume.

« Amis dont j'ignore tout, voici quelque temps que je vous devine à mes côtés. Parfois... lorsque je suis seul et lorsque le vent dirige mes pas vers une direction nouvelle, je vous sens. Il y a peu de jours encore, je ne savais si vous étiez de mon peuple ou de celui des hommes. Au fond de mon sommeil je percevais deux boules de feu qui venaient me visiter. Les âmes de mon peuple parties avant les autres vers le Centre de l'Univers agissent parfois de la sorte. J'ai pensé à elles et j'ai cru que mon départ était proche car la terre que je foule ne me semble pas totalement mienne. Elle ne nourrit pas mon âme selon ses besoins. Je ne sais pas y puiser la force qu'y trouvent mes semblables. Elle ne me parle plus de la même façon qu'à eux. Alors j'attends quelque chose de l'homme mais trop de choses se cachent derrière ses yeux et que je ne comprends pas !

Aujourd'hui, je sais un peu plus qui vous êtes car une lumière m'a montré vos visages et a chassé toute crainte. C'est elle qui me fait m'adresser à vous du fond de mon sommeil. Elle me murmure des images que j'ignore parfois et des sensations que vous seuls comprenez... Je ne vous vois pas mais je vous devine proches. Je sais que vous m'entendez et aussi qu'il faut que je vous parle de mon peuple, peut-être de moi également. Mon peuple...

quel est-il au juste ? Peut-être tout ce qui n'a pas visage d'homme... car tout me parle, car j'entends tout me murmurer la Vie. Tout sauf l'homme, l'homme qui pourtant m'attire, qui me comprend si peu, qui me veut mais en même temps me refuse.

Au cœur de mon peuple, chez ceux qui volent, ceux qui rampent et parfois aussi ceux qui nagent, on dit beaucoup de choses de l'homme. Ce qu'on raconte de lui, ce qu'on voit de lui est si multiple, si contradictoire que nul ne sait. Alors, parmi nous, il y a un peu... les fidèles, ceux qui craignent l'humain... et les traîtres, ceux qui, comme moi, espèrent en lui et font confiance.

Ceux-là, je peux vous le dire, sont mal en ce monde car toute leur vie est un pari, un espoir souvent déçu.

Je n'ai pas choisi le *camp* dans lequel je me trouve aujourd'hui. Aucun de nous ne l'a choisi.

Je me souviens de la grande cage dans laquelle je suis né. Dès que des mains humaines y apparaissaient, il fallait que je me glisse vers elles dont j'ignorais même la provenance. Quel était le corps dont elles étaient le prolongement, le regard qui les animait ? Tout cela était tellement lointain pour moi ! Elles étaient juste quelque chose qui pouvait me tirer vers le haut et que je devais rechercher. Bien après, j'ai vu qu'elles appartenaient à une âme qui avait de la beauté. C'est cela qui importe pour nous, pour tous ceux de mon espèce... la grandeur de l'âme. Le reste, nous ne le percevons pas, nous l'ignorons. La dimension d'un corps, son apparence, tout cela en réalité nous échappe la plupart du temps. Ce sont les dégagements lumineux d'une présence qui comptent... qu'ils proviennent d'un humain, d'un de nos semblables, d'un arbre ou même d'un endroit du sol.

Ainsi, chez nous, lorsqu'il y a un combat, la taille de l'adversaire intervient peu. Seule parvient à nous effrayer la force du rayon lumineux qui jaillit en avant de sa poitrine et qu'une odeur confirme. Cette odeur-là raconte les intentions de l'autre, son histoire et le but qu'il s'est fixé. Ce but est comme une qualité[1] à développer et contre laquelle nul ne peut rien. Ce peut être la qualité patience, la qualité observation, garde, domination, méfiance, don, tendresse et bien d'autres encore.

Pouvez-vous comprendre cela ?

Nous ne dissocions pas ce que nous voyons du monde et ce que nous n'en voyons pas. Nous sommes comme cela. Il n'y a pas de frontières. Peut-être est-ce cela qui nous rend parfois si stupides à vos yeux.

Nous ne sommes pas dupes des opinions que vous portez sur nous et du peu de chances que vous nous laissez pour comprendre les situations... *vos* situations.

La famille dans laquelle je vivais était unie et bonne envers ses membres mais pour elle je n'étais qu'un chien... et j'ai très vite su qu'un chien, un chat ou un hamster était avant tout un jouet pour les enfants, un objet que l'on pouvait ranger au garage dès que l'on en avait assez, qui n'avait pas souvent froid et jamais sommeil. Humilité. C'est ce qui vient en ce moment à travers moi.

Une vieille chatte a vécu dans notre maison pendant quelque temps. Je ne saisissais pas toujours le sens de ce qu'elle me disait mais nous avions de longs contacts par les yeux. Pendant ceux-ci, elle inscrivait en moi des images

---

1 - Il semble qu'il faille plutôt comprendre par ce mot la notion de « spécificité ». Chaque animal serait donc le réceptacle et l'expression d'une sorte de polarité qui le suivrait toute sa vie.

de sa race. Un jour, je l'ai trouvée allongée dans le ruisseau, non loin de la maison. La vie qui l'avait habitée était encore là, tout près. Elle m'a demandé de rentrer dans notre jardinet et d'aller dormir dans un coin tranquille. Il est facile pour nous de dormir lorsque nous le décidons. Nous savons le faire très souvent, lorsque nous avons mal ou lorsque nous sommes tristes. Moi, je n'étais pas triste, mais j'ai obéi à la chatte. Dès que mes yeux se sont fermés, elle est venue me rejoindre dans la lumière où je l'avais aperçue l'instant auparavant. Alors, elle m'a emmené avec elle. Il y a eu un vent de clarté et j'ai reconnu le pays du rêve où j'allais souvent. Tout y était vrai, je sentais toutes les herbes que je voulais. Il n'y avait pas d'hommes, seulement ceux de notre peuple dont beaucoup que je ne connaissais pas. Tout me paraissait si naturel... peut-être n'avais-je jamais habité ailleurs que dans cet endroit avec sa lumière rose... Peut-être que j'imaginais l'existence de l'homme et que celui-ci n'avait jamais eu de consistance.

Soudain, tout cela a disparu... il n'y a plus eu de lumière. Quelque chose est venu me frapper la tête. C'était un ballon avec lequel jouaient les enfants. Alors j'ai fait un bond et j'ai voulu moi aussi jouer avec eux. Tout est simple pour nous. Depuis, j'ai bien appris que cela ne l'était pas pour les hommes. Pour eux, le jeu se mesure...

La chatte est revenue me voir plusieurs fois pendant que je dormais. Elle ne disait rien mais je voyais que tout était bien parce que ses yeux pétillaient et qu'elle voulait se frotter contre moi... comme autrefois.

Le jour où les hommes ont mis sa forme dans la terre du jardin, les enfants ont pleuré. Je n'ai pas compris du tout. Depuis, il me semble deviner ce que pensent les humains dans ces moments-là. Il y a de la division dans leur cœur. Peut-être ne savent-ils pas qui ils sont... Une âme-oiseau m'a dit qu'ils avaient besoin d'aide, que c'était ce qui se racontait à travers tout notre peuple et que celui-ci était partagé quant à l'attitude à adopter à son égard. Cette compréhension mûrit en moi depuis que je vis seul. Je vois tant d'hommes différents et presque tous ont un visage de souffrance. Parfois, je crains même de capturer cette souffrance en mon cœur et de ne plus m'en défaire. Manque d'amour.... C'est une maladie. La maladie de ceux qui se croient plus forts, plus intelligents. J'ai rencontré un de mes frères qui essaie de soigner cela. L'Esprit de Vie lui a dit que c'était son rôle. Il habite avec un homme qui n'aime pas ses semblables. Il est venu à ses côtés pour que son cœur ne se dessèche pas et que la lumière continue de s'en écouler un peu.

C'est lui qui m'a appris que nous avions souvent une tâche à remplir auprès de vous mais qu'il était difficile que vous l'admettiez. Aujourd'hui, je sais que ma sœur la chatte s'en est allée pour qu'une souffrance ne s'abatte pas sur un des enfants de la famille. Son départ était un des buts de sa vie. On me dit que vous pouvez comprendre tout ceci.

Lorsqu'un choc, une douleur[1] doivent survenir quelque part, nous le savons toujours quelque temps à l'avance. Nous voyons une *lumière sombre* se former en un lieu. Nous ignorons souvent d'où elle vient mais les plus anciens d'entre nous enseignent qu'elle sort de l'être qui doit subir le choc et qu'elle va *empoisonner* un endroit précis. Elle est semblable à une colère de l'être envers lui-même. Dans

---

1 - La notion d'« accident » paraît ne pas avoir de sens dans le monde animal, tout au moins de la façon dont nous l'entendons.

notre peuple, nous ne savons pas bien ce que cela peut signifier, mais nous le constatons pour les hommes. L'Esprit de Vie peut parfois nous demander de prendre sur nous la *lumière sombre* destinée à un humain que nous aimons. Nous acceptons alors que le choc soit reporté sur nous et que la force vitale abandonne notre forme. Ce n'est pas un devoir, mais un amour qui nous pousse à faire cela. Vous vous en rendez si peu compte... et cela nous peine. Une voix me murmure que vous ignorez les liens qui vous unissent à nous, que nous revenons vous voir sous des formes différentes de vie en vie... et même plusieurs fois dans la même vie.

Il n'y a pas de mystère à cela. Seulement une logique. Je sais que si vous nous appelez vraiment, nous revenons et qu'alors il faut juste apprendre à nous reconnaître.

Aucun d'entre nous n'est exactement semblable à un autre, savez-vous. Lorsque j'étais encore avec ma mère, pour moi aussi tous les humains étaient identiques. Tout ce qui, pour vous, est important et vous différencie ne comptait pas à mes yeux. Ce que vous mettez sur votre forme, ou ce que vous accrochez à vos oreilles par exemple capte très peu notre attention. C'est comme si nous voyions *au travers* et il y a toujours un temps de notre vie où nous essayons d'apprendre vos points de différence.

On m'a dit que vous ignorez que vous projetez beaucoup de choses autour de vous. Est-ce vrai ? Pourtant, toutes ces projections sont pour nous le moyen le plus sûr de vous reconnaître... avec votre voix. C'est cela qui se grave chez la majorité d'entre nous, une certaine qualité de lumière et le son, souvent même des sons que vous paraissez ne pas entendre. Des sons qui circulent dans le sol ou que les plantes nous transmettent.

Si l'un de nous ou même si un homme a peur ou souffre quelque part, il n'est pas rare que les arbres ou les fleurs le disent, parfois loin, autour d'eux... Car les arbres savent frémir et crier. Je sais maintenant que jamais ils ne sont indifférents à la souffrance, que celle-ci soit issue de leur peuple ou d'un autre. Toute douleur, toute crainte se propage par leurs veines et leurs feuilles à la surface de la terre et mange un peu de leur force. C'est quelque fois pour cette raison que vous nous entendez pleurer ou adopter une attitude qui vous semble illogique. C'est parce que vous n'avez appris ni à écouter ni à regarder. Cela aussi pour nous est une maladie et nombreux sont ceux qui m'ont averti : plus je vivrais avec l'homme plus cette maladie me gagnerait.

Ceux-là m'ont appris qu'il existe quelque part d'immenses terres où mes frères animaux refusent violemment tout contact pacifique avec l'humain. Ils le font à cause de cette maladie et aussi en raison d'un vieux souvenir que je n'ai pas compris. De ce fait, ils considèrent tout le peuple des hommes comme un peuple de créatures inférieures, dangereuses, et dont il faut fuir même les plus paisibles. Je sais qu'il y a parmi eux de jeunes frères, mais aussi de beaucoup plus vieux ressemblant à des rochers qui ne bougent jamais. Ceux-là veulent garder l'ancienne culture de leur race. Ils le doivent... car en parlant aisément à la terre et aux plantes, ils entretiennent... un équilibre dont j'ignore tout moi-même.

L'Esprit de Vie qui les habite circule sans cesse entre leur cœur et celui du sol. Il se renforce depuis si longtemps que l'on dit qu'il donnera peut-être un jour naissance à un peuple très fort et à une terre très pure. Mais c'est un monde différent du mien. Ce sont les âmes-oiseaux qui colportent ces choses. Je crois qu'elles peuvent entendre et parler beaucoup de langues-images de ce monde. Souvent, elles viennent jouer avec nous au-dessus des maisons et elles nous disent ainsi ce qu'elles savent. Lorsque l'une commence par une image, la seconde continue par une autre et ainsi de suite. Chacune d'elles est détentrice de la même histoire mais toutes obéissent à une volonté commune. Je les sais très organisées et elles nous apprennent plus de choses qu'aucun de nos autres frères. C'est vers elles que je me tourne souvent lorsque je ne sais plus où ma route est inscrite. Elles savent toujours où sont l'eau et la nourriture, même à de très longues distances. Tout cela est écrit en elles. Elles connaissent les routes que racontent la couleur des arbres et les lumières qui montent de la terre. Seules ces routes-là comptent pour elles.

J'ignore où la mienne va me mener. J'ai seulement deux regards ou trois inscrits en moi. Ils sont présents depuis toujours et il faut que je les rejoigne. Je crois que près d'eux il y a beaucoup d'eau. Mes frères et moi vivons tous de cette façon... Maintenant, nous comprenons les notions de *hier* et de *demain* même si notre existence n'est pas dirigée par elles. Nous sommes habités par des idées, des situations, des êtres, des formes qu'il nous faut rejoindre et que nous devons reconnaître quelque part. *Demain* n'est pas important. Ce qui l'est, c'est la force que nous donnent ces idées, ces situations, ces présences. Nous vivons avec elles et elles sont notre chemin. Si elles donnent l'amour, alors *demain* ou *hier* ne signifient plus rien. Nous en perdons le sens car tout devient pleinement un jeu. Dès cet instant, nous oublions toute tristesse et toute souffrance car la notion, sans doute humaine, du temps s'enfuit immédiatement de nous. Il n'y a plus de désir donc plus de peur… La peur naît souvent d'un désir inassouvi de maîtriser la seconde et l'heure qui viennent. Vous nous asservissez lorsque vous nous apprenez le temps et vous nous l'apprenez dès que nous vous approchons, dès que nous absorbons vos odeurs.

Souvent, nous percevons en celles-ci des inquiétudes, comme de fortes pluies ou de violents orages prêts à s'abattre sur vous. Pour moi, cela demeure un mystère. Comment peut-on régner sur ce monde et émettre de telles odeurs de crainte et de peine ? Les âmes-oiseaux disent que notre peuple est parfait en ce qu'il est, tandis que le vôtre ne l'est toujours pas. Elles disent qu'il ne peut pas l'être parce qu'il ne sait pas jouer. Je crois qu'elles disent vrai car j'ai souvent vu que dans les yeux humains tout paraît grave et pesé.

Peut-être ignorez-vous que la forme que vous habitez est un jeu proposé par votre âme ? On me dit de vous poser la question clairement. Simplicité. Si l'intelligence est dans la complexité qui vous habite, peut-être n'est-elle pas *l'intelligence*… Peut-être y a-t-il un autre nom à découvrir.

Parfois, l'Esprit de Vie qui nous anime nous dit de prendre un peu de votre tristesse et de cet étrange poids qui vous charge. Cela, nous n'avons pas toujours besoin de le décider. C'est une sorte de porte qui s'ouvre en nous, un réflexe de partage… et nous absorbons un peu de ce qui est lourd pour votre âme. Alors vous vous étonnez d'une fièvre qui nous abat, de terribles démangeaisons qui nous tourmentent et du pelage que nous perdons. Dans ces moments-là, il y a comme une boue grise, un peu collante, qui se développe à la surface de notre échine. Nous n'y pouvons rien, il y a quelque chose dans notre cœur qui trouve une logique à cela.

Les âmes-oiseaux qui vivent près de vous, dans vos maisons, acceptent aussi cette souffrance, mais le plus souvent elles ne peuvent demeurer dans leur corps... Seuls nos frères les chats, voyez-vous, savent se guérir de ceux de vos maux qu'ils absorbent. Il y a dans leur salive une lumière dissolvante pour la matière poisseuse[1] qui se colle sur leur pelage. Vous les voyez sans cesse se laver... Cela en est la raison principale. Ils savent faire fondre les déchets[1] issus de l'angoisse de votre monde. C'est leur secret. C'est aussi une partie de leur force. Très peu dans l'ensemble de notre peuple partagent cette connaissance. Ceux qui la possèdent en sont très fiers. Ma sœur la chatte, pourtant si proche de mon cœur, portait également en elle-même cette fierté. Cela la rendait parfois inaccessible. Je la voyais alors habitée par une sorte de clarté qui la mettait... en dehors du monde, au-delà du peuple des hommes, mais aussi au-delà du peuple animal. C'était une étrange supériorité.

Les humains, je crois, voient en cela un mépris. Cependant ce n'en est pas un. C'est un jeu. Un jeu qui permet de voir le monde de très loin, de ne pas tomber dans ses filets et dans la maladie des hommes. Parfois, ce jeu nous fait peur à nous aussi parce que nos frères les chats ne se déplacent pas suivant les mêmes lois que les nôtres. Ils ne vont pas d'un point à un autre au gré des perceptions de leur âme, mais selon les nécessités d'un autre monde dans lequel ils vivent tout autant que sur Terre.

Je sais qu'ils se rendent sans cesse dans ce pays au Centre de l'Univers que nous rejoignons après notre départ de ce monde. Ils y vivent autant que sur cette Terre.

---

1 - On pourrait sans doute parler de « miasmes éthériques ».

Exil. C'est la notion qui jaillit en moi. C'est celle que mon amie la chatte essayait de m'expliquer. Elle racontait que son peuple était là contre son gré parce que l'Esprit de Vie avait obscurci sa conscience pour une raison très ancienne que l'on ignorait... mais qu'il fallait accepter car c'était pour l'Amour. Le peuple chat, disait-elle, devait aider le peuple humain à son insu et apprendre lui-même la compassion. Certains chats refusent cela et ne parlent qu'aux arbres. Ils sont alors très durs et très puissants. L'ensemble de mon peuple ne les aime pas car on les dit rebelles à l'ordre du monde. Ceux-là font du tort à leur race car leur orgueil s'étend sur leurs semblables.

Moi aussi je parle aux arbres parfois. J'ai mis longtemps à comprendre que vous ignoriez une chose aussi naturelle. Il n'y a rien à expliquer pourtant ; cela se fait tout seul. Ce sont les battements de leur cœur[1] qui s'expriment en nous. Ils nous communiquent des idées, des images de lumière qui viennent de très loin. Souvent, il y a un seul cœur pour plusieurs arbres tandis que d'autres en possèdent un pour eux seuls. Alors, ce sont toujours de très gros arbres et chaque chose autour d'eux paraît leur obéir, les aimer et être aimée d'eux. Dans mon peuple, nous les recherchons toujours parce que la terre qui se trouve à leur pied nous guérit de beaucoup de maux. Elle est si forte que parfois nous nous échappons et nous nous battons pour y être seuls, nous y allonger, nous y rouler et nous y endormir. Il y a toujours quelque chose pour jouer près de ces arbres. J'y ai souvent vu de petites boules ve-

---

1 - Des expériences scientifiques ont permis d'enregistrer le flux de la sève dans les arbres et celui-ci évoque effectivement le battement d'un cœur.

lues courir sur l'herbe avec moi[1]. Elles parlent tellement vite que je ne les comprends pas. Elles aiment se cacher dans la mousse et aussi dans les racines. Parfois, elles arrivent tant à leur ressembler qu'elles disparaissent. Alors, seule l'odeur qu'elles dégagent permet de les retrouver. C'est une odeur qui stimule notre aboiement.

Il vous arrive, à vous les hommes, d'éprouver une irrésistible envie de chanter, c'est la même chose que nous vivons dans ce cas. Il faut que nous communiquions quelque chose au monde, à la nature, parce que notre jeu devient alors très beau, très sacré. Dans ces instants-là, c'est une joie profonde qui nous gagne et il nous est difficile d'accepter que vous ne la compreniez pas, parce que tout, autour de vous, bondit de plaisir sans que vous le voyiez.

On m'a dit que, de temps à autre, vous tentez de retrouver l'Esprit de Vie dans de grandes maisons faites pour cela. Comment cela se peut-il ? Cet Esprit est présent dans le jeu, au fond des forêts, près des arbres et sur la terre sèche des montagnes. C'est là que tous mes frères animaux le trouvent. Pourquoi donc ne l'y sentez-vous pas ? Il parle dans le vent... c'est si facile. Mon amie la chatte disait que vous emplissez trop votre cœur de vos propres paroles, que vous n'y laissez pas de place pour le chant du vent et pour les étincelles de Vie[2] qui se déplacent partout sur les rochers et dans les buissons. Je crois qu'elle avait raison. Peut-être est-ce là ce qui vous rend si mal-

---

1 - Il s'agit vraisemblablement des élémentals de la Terre. Ils ont en charge une partie de l'équilibre de la nature liée à la fonction même du sol.
2 - Il s'agit vraisemblablement d'une allusion à une manifestation du prâna.

heureux… car aucun de mes frères ne parvient à vous voir libres de tout fardeau. Comment se fait-il alors que nous vous sentions si grands, si puissants ? Vous faites naître chez ceux qui vous observent un étrange sentiment d'amour et de répulsion.

Une voix en moi affirme que vous n'avez pas encore choisi votre route. Simplicité et humilité. Peut-être vous faut-il un peu du contenu de notre cœur… On me dit aussi que c'est pour cela que je vous parle. Etre soi, cela est-il si difficile ?

Lorsqu'il y a de la bonté quelque part, je la sens. Nous la sentons tous, même si elle est dissimulée par beaucoup de choses. Alors, nous ne pouvons nous empêcher d'y répondre, bien qu'elle ne nous soit pas adressée et qu'elle continue de se cacher. Souvent, cela nous rend plus faibles à vos yeux parce que plus naïfs quant à vos intentions du moment.

Cette notion est nouvelle pour moi. Je découvre que le mensonge peut exister à travers l'homme et que c'est pour cela aussi que le majorité de mes frères animaux vous fuient. Nous voyons de la bonté dans la plupart des cœurs mais celle-ci parvient rarement jusqu'au bout des mains. C'est une énigme qui s'est révélée à moi il y a peu de temps et qui me tourmente. Elle extrait de moi un sentiment nouveau. Méfiance… mais la méfiance ne me va pas puisqu'il faut que je m'approche des hommes, puisque c'est inscrit en moi.

Nous sommes nombreux à vouloir tenter le rapprochement, de plus en plus nombreux… et cela fait naître une division qui n'avait jamais existé dans tout notre peuple. Vous nous offrez le doute… le choix. Probablement est-ce l'Esprit de Vie qui le veut ainsi. Veut-il que nous vous ressemblions ? Veut-il que nous apprenions le calcul et la dissimulation ?

Tout au long de mon chemin, près de vos habitations, il m'est arrivé à deux reprises de découvrir de grandes maisons où vous semblez garder prisonniers des milliers d'âmes de mon peuple. Je dis *mon peuple*, car tout ce qui n'est pas homme nous paraît être du même sang, bien qu'il y ait des inimitiés et des luttes.

Il y avait un nuage gris au-dessus de ces maisons. C'est lui qui m'a attiré... mais c'est lui aussi qui me disait de partir car il dégageait une odeur de souffrance. C'était une odeur nouvelle pour moi. Il fallait que je comprenne... Derrière les murs, j'ai vu alors une multitude de poules dans des espaces si petits que je n'ai pas su tout de suite ce que cela signifiait. Tout était si lourd qu'il me semblait que leurs âmes n'étaient pas là. Tout se brouillait. Des images de peur, inconnues, se précipitaient derrière mes yeux. Je n'ai pu demeurer là longtemps car on m'a chassé avec des cailloux, mais j'ai suffisamment vu comment l'homme savait tuer l'amour, comment il savait faire sortir la vie des corps. Ceux de mon espèce ont peu de contacts avec la race des poules mais ils la respectent même s'ils s'en nourrissent parfois, car chacun sait que l'Esprit de Vie n'a pas de visage et qu'il se glisse partout. Nous pouvons manger un corps mais nous savons que nous ne mangeons pas une âme. J'ai donc vu que le peuple humain cherche parfois à manger les âmes animales[1]. Je ne peux

---

1 - La souffrance d'un animal, son stress, s'imprègnent naturellement sur son organisme éthérique, appelé âme-vitale. La réalité éthérique, quant à elle, est véhiculée dans la chair par l'intermédiaire du sang. Lorsque nous absorbons une chair animale ainsi impressionnée par des éléments douloureux, nous faisons nôtre, inconsciemment, la mémoire du stress et de la souffrance en question.

comprendre autrement ce que j'ai vu. L'homme ne répugne pas à manger la douleur de l'âme animale. Il ne voit que des formes que l'on peut attacher, que l'on peut prendre et laisser. Lorsque l'image de ces grandes maisons revient me visiter je ne peux m'en libérer facilement. Alors, je n'entends plus le langage de la terre, des plantes et des rochers ; tout se ternit en moi.

Une force me dit, dans ces moments-là, de trouver de la boue et de m'y rouler. Cela nous donne toujours de la vigueur et cela nous lave aussi des poids douloureux qui viennent parfois nous habiter[1]. Dès que la terre se met à vivre sur nous, nous redevenons un peu plus nous-mêmes, plus forts, plus loin du doute. Lorsque j'avais des maîtres, j'ai rapidement compris que ce contact avec la terre ne leur plaisait pas. Aujourd'hui, il me semble qu'on attendait de moi une sorte de honte ou de repentir à chaque fois que je m'enduisais l'échine d'un peu de boue... mais la honte de quoi ? C'est un sentiment que nous ignorons si vous ne nous l'enseignez pas ! Nous sommes habités par une dignité dont les rouages vous sont étrangers. Elle n'est basée ni sur vos règles, ni sur vos conceptions, car nous sommes entiers et vrais dans ce que nous montrons de nous. Nous n'avons pas d'écailles à enlever ou à mettre pour paraître dignes puisque notre fierté réside simplement dans le fait d'être ce que nous sommes.

Ni la maladie, ni ce qui vous paraît être la saleté ne nous en prive aux yeux de nos semblables. Quant à la beauté et à la laideur, je commence seulement à deviner ce que cela signifie pour vous. Les âmes-oiseaux m'ont aidé

---

1 - La lutte contre les parasites est, bien sûr, une autre raison de cette attitude.

à pénétrer ces notions. A vrai dire, de telles notions sont étrangères à la majorité des membres de notre peuple. Nous ne parvenons à distinguer clairement que la douceur ou la rudesse d'une âme par l'odeur et la lumière qu'elle dégage. Quant au reste, je sens seulement ce que cela veut peut-être dire pour vous et cela m'étonne. Il y a des formes, des apparences qui nous surprennent, qui nous inquiètent parfois, mais guère plus. Ce sont celles qui ne sont pas conformes à nos habitudes, qui dispersent nos points de repère. Ce qui nous fait peur, c'est ce dont nous ne comprenons pas la raison. Nous avons besoin de nos habitudes. Chacun fonctionne ainsi dans mon peuple. Cela nous renforce. "Organisation", disent les âmes-oiseaux, cela construit notre âme.

Aujourd'hui, je n'ai pas d'homme pour tracer ma vie, pour me donner des habitudes, alors quelque force en moi me suggère une routine comme si ce besoin était inscrit très profondément dans mon cœur. Par exemple, il faut que je me réveille chaque jour avant le soleil et que je gratte le sol ; il faut aussi que je recueille le parfum de certaines plantes et que j'essaie de le garder sur moi. Cela me renforce et me sécurise parfois, lorsque ma route ne s'inscrit plus nettement sous mes pattes. Ainsi, j'arrive mieux à la retrouver, à m'en souvenir. Il faut que tout soit simple. C'est comme cela que nous vivons... »

Le contact avec Tomy s'est arrêté là, brusquement. Il nous a laissés avec mille questions et la sensation presque douloureuse d'un charme qui se rompt. Durant plusieurs jours, son regard de tendresse et d'étonnement nous a habités avec force et il est venu modeler la courbe des lettres sous notre plume. Il a dilaté notre cœur puis, peu à peu s'est estompé, nous faisant espérer une autre rencontre.

Par bonheur, celle-ci, bien que différente, n'a pas tardé ;
elle nous a appelé une fois de plus hors de nos enveloppes
physiques… là où les consciences se touchent…

Chapitre VI

Parole d'âne

« La finalité de la Divinité est de rendre divin par le partage de sa propre perfection.

La Divinité est Amour... et l'Amour, voyez-vous, n'est vraiment lui-même que s'il s'offre et se partage... Voilà pourquoi la Divinité communie sans cesse avec sa Création et s'expanse en elle... »

C'est la voix-guide qui nous confie ces mots. Elle est venue nous rejoindre au-dessus d'un petit village de Provence, un petit village vers lequel nos deux consciences ont été aimantées, une de ces minuscules bourgades agrippées à flanc de coteau et dont on rêve les jours de grisaille.

Peut-être est-ce bien elle, d'ailleurs, cette voix-guide, qui nous a propulsés jusque-là, car sa présence est puissante en nous, presque impérieuse.

« ... Ainsi, poursuit-elle, tout est Divinité, même ce qui n'a pas conscience de soi et de ce trésor sans cesse renouvelé en soi... C'est cela notre vision du monde, notre

Connaissance, à nous, vos frères animaux. Je ne dis pas notre Savoir... car nous n'avons rien appris, mais seulement éprouvé, senti, écouté, regardé.

Dès lors, toutes les mains qui se tendent vers nous, qu'elles aient chair minérale, végétale, animale ou humaine portent leur part de sacré. Cela vous surprend, n'est-ce pas, que du monde de vos frères *inférieurs* puisse naître une telle vision des choses ! »

Impossible de répondre à cette semi-question qui résonne en nous. Elle ressemble à un constat au bout duquel on n'est plus tout à fait fiers de se dire humains.

Pourtant, il n'y a qu'amour dans cette Présence qui s'adresse à nous. C'est un amour qui œuvre comme un soc de charrue ; il touche le point précis qui réclame son impact, spontanément, avec pour unique vision le grain déjà mûr sous sa gangue.

Absorbées par la force qui les touche si promptement, nos deux âmes se laissent plus que jamais guider au-dessus de la bourgade.

Le soleil aujourd'hui est matinal mais ne parvient pas à voiler la fraîcheur qui monte des ruelles. Sous ses rayons timides, l'humidité qui traîne encore sur les toits de tuiles arrondies se met à scintiller. De-ci de-là des volets grincent et les éclats sonores de quelques postes-radio annoncent avec véhémence la journée nouvelle.

Bientôt, au gré d'une sorte de souffle intérieur auquel elles s'en remettent totalement, nos consciences parviennent au bout du village. C'est un groupe de deux ou trois maisons dont les toitures sont merveilleusement enchevêtrées qui les attire ainsi. L'une d'elles, en contrebas, adossée à une modeste bâtisse de pierres sèches, capte surtout notre regard. Des bêlements à la fois langoureux et vindicatifs s'en échappent, témoins d'une vie qui s'impatiente. Intempestif, un klaxon vient alors à résonner parmi les ruelles. C'est celui du boulanger ambulant qui tente de garer son véhicule sur une placette. Des portes claquent et des appels retentissent. Tout ce petit monde, simple, suscite en nous une joie profonde. Une allégresse qui a les accents d'une vieille chanson que l'on fredonne sans savoir d'où elle a surgi...

Et puis, d'un coup, c'est le souvenir de Tomy qui nous traverse et nous ramène au but de notre voyage, de notre quête. Serais-tu là, quelque part, Tomy ? Dans le défilé insaisissable des minutes, il nous semble percevoir confusément ta présence... mais où ?

En dessous de nous, sortant avec lenteur du groupe des deux ou trois maisons, une silhouette féminine vient à pousser la porte de son jardinet et dépose un objet sur le bitume de la ruelle. C'est celle d'une femme âgée, de forte corpulence. Pendant quelques instants, elle demeure là, muette, adossée à un muret, paraissant attendre quelque chose. Enfin elle se met à claquer bruyamment des mains. Alors, presque aussitôt, de derrière une grosse touffe de romarin poussant contre un amas de pierres, une forme animale apparaît timidement. D'un pas mesuré, presque rampant, elle franchit la vingtaine de mètres qui la sépare de l'objet déposé au sol : un plat de nourriture.

« Ah, te voilà... fait alors simplement la vieille femme qui se garde bien d'esquisser tout geste. Je te fais peur aujourd'hui ? »

Nous avons reconnu Tomy, Tomy qui, pour toute réponse, remue doucement la queue en s'approchant de la nourriture.

« Cela fait deux semaines qu'il se fait nourrir ici, affirme la voix en nous. Il y a beaucoup de bonté en cette femme.

Elle est de ces personnes que Tomy savait devoir trouver sur sa route. La conscience de son espèce est enfin parvenue à le guider jusqu'ici... »

Nous ne pouvons cacher notre étonnement face à cette expression : "enfin parvenue". La Présence reprend alors, plus intérieure à nous que jamais.

« Vous devez savoir, vous les hommes, qu'à chaque fois qu'un animal s'approche réellement de vous, c'est-à-dire, qu'il pénètre votre mode de vie et place ses espérances en vous, il devient progressivement moins réceptif aux influences de l'esprit directeur de son espèce. Comprenez-vous ce que cela induit ? Votre responsabilité envers lui ! Abandonné à lui-même, un tel animal devient alors semblable à un navire sans boussole ni sextant. Il lui faut retrouver d'autres points de repère, ceux que la Nature a inscrits en lui mais qu'il a laissé s'engourdir. C'est pour cela que Tomy a mis tout ce temps à trouver la route qui lui était murmurée. Il lui fallait nettoyer un canal partiellement obturé. Il attend tellement des humains, voyez-vous !

Préservez-bien ceci en vous : lorsqu'on prend en affection un frère animal, on l'adopte de fait, on lui fait une promesse d'amour. Une promesse éternelle qu'il n'est pas même concevable, dans sa conscience, de remettre en question. Dès lors, quand il y a abandon, volontaire ou non, celui-ci correspond à une trahison, sentiment nouveau et totalement incompréhensible. Vous ne pouvez savoir à quel point une telle situation est vécue douloureusement par votre frère, car elle révèle un aspect pervers de l'homme dont il ne peut absolument pas saisir la raison. Celle-ci est en effet contraire à sa nature, elle demeure hors de ses conceptions.

Regardez Tomy dans cette ruelle. Il vient de terminer le plat qu'on lui a tendu mais manifeste une sorte de crainte envers la vieille femme. »

« Il se méfie... »

« Dites plutôt qu'il ne comprend pas... car depuis le premier jour, elle lui refuse l'accès à sa demeure. Au niveau de Tomy, il y a là une dualité, une contradiction dont il ne voit pas le sens. Cela ressemble, pour son cœur animal, à une frontière posée à l'amour... chose impossible... on aime ou on n'aime pas. Pouvez-vous ressentir, ne serait-ce qu'une seconde, la nature du trouble qui l'envahit ? Si chaque homme, chaque femme, tentait régulièrement de s'extraire des vêtements de sa culture, de ses notions, de sa logique humaine, pour s'introduire ne serait-ce qu'un peu, derrière le regard d'un chien, d'un chat ou d'un oiseau, quelle découverte ne ferait-il pas, mes amis ! Il suffit pour cela d'une étincelle de compassion, rien de plus. Alors, vous comprendriez tout l'arbitraire de vos références, l'aspect étrange de vos civilisations. La notion même de civilisation prendrait à vos yeux une autre couleur.

Une civilisation ne se mesure ni par ses écrits, ni par ses constructions, ni par sa domination.

Elle se bâtit, elle existe et se manifeste par la seule sensibilité de tout un groupe d'âmes qui évoluent selon un même souffle. Sachez donc qu'il y a autant de civilisations dans l'univers qu'il y a de types de consciences. Votre intelligence est une goutte d'eau dans l'océan de l'Intelligence... Si vous percevez où l'essence de ces paroles vous mène, c'est une voie d'accès à cet océan que vous ouvrez dans votre cœur. »

Quelques mètres au-dessous de nous, dans la ruelle au bout du village, Tomy s'est assis contre un petit mur de pierre. Il observe la vieille femme et de temps à autre laisse sa queue balayer le sol dans un mouvement de joie contenue et interrogative.

Ses pensées nous rejoignent sous forme d'images difficilement transcriptibles. C'est d'abord celle d'une main tendue qui l'appelle, qui s'anime en lui. Elle revient tel un leitmotiv, aussitôt suivie de celle de la porte d'un jardinet que l'on referme prudemment sur son museau.

« Ouvrir… fermer… ouvrir… fermer… » Autant de notions et d'images qui surgissent en nous et nous submergent bientôt. Nous comprenons alors que, pour Tomy, l'homme demeure une interrogation vivante. « Quelle est donc cette race qui sait, qui peut donner à moitié, qui parvient à attirer et à repousser simultanément ? »

Soudain Tomy se lève, courbe légèrement l'échine et commence à se rapprocher de la vieille dame. A petits pas, il longe le muret de pierres sèches et tente de flairer les pantoufles de sa bienfaitrice.

« Non, non… entendons-nous dire celle-ci. Reste à ta place… tu es gentil mais je ne veux plus de chien ici… »

Au fond de nous, la présence de la voix-guide se met à sourire.

« Ne soyez pas peinés… Tomy aussi doit apprendre. Son âme, comme celle de tout animal, s'aiguise au contact de l'homme. Que reprocher à une vieille femme qui a souffert de l'attachement qu'elle portait à son chien disparu avant elle ? Elle joue le rôle d'un relais sur la route de Tomy. Celui-ci ne tardera pas à le comprendre. D'autres visages vivent en lui… et puis il y a la mer… Il ne l'a jamais réellement vue mais son existence est présente en lui. Il en porte le schéma et le souffle de ses vagues quelque part dans une lointaine mémoire.

Ne savez-vous pas que vos frères animaux ont été crées sur les mêmes bases que vous, les humains ? Tout comme vous, ils sont dotés de corps subtils, de nadis, de chakras, et chacun des niveaux de leur être représente une mémoire, une culture, plus ou moins enfouies. Certains de ces niveaux sont embryonnaires, d'autres explosent de vie... Vous aussi, n'êtes qu'en germination sur certains plans. Croyez-vous qu'au-delà de votre troisième plexus vos êtres soient pleinement constitués ? Pour la majorité des membres de votre peuple, le plexus cardiaque s'ouvre à peine. L'univers des émotions et ses tempêtes ressemble à une glue dévorante dont vous avez tant de mal à vous défaire ! Dès lors que vous ne maîtrisez pas, loin s'en faut, tous les échelons de votre réalité, ayez l'humilité de reconnaître que la Vie intelligente ne passe pas que par vous... »

L'air dépité, Tomy a fait demi-tour. A petits pas, il quitte la ruelle et nous le voyons maintenant s'enfiler dans un étroit chemin à moitié mangé par les broussailles. Celui-ci contourne la bergerie d'où continuent de s'échapper quelques bêlements, puis descend en serpentant parmi la caillasse jusqu'au fond du vallon. Bien vite, le jeune chien a repris son allure trottinante, absorbé par chaque événement qui se passe dans l'instant : une feuille que le vent chasse ou un oiseau qui se pose sur une branche.

Tout à coup le braiement d'un âne retentit. Il est comme une longue plainte un peu nostalgique qui le fige sur place, l'oreille tendue. Alors, sans plus attendre, Tomy fait volte face tandis qu'un second cri s'élève entre les maisons. Contre le groupe de bâtisses, près de la bergerie, nous remarquons un gros escalier qui abrite une jolie arcade de pierre, quoiqu'un peu vétuste. C'est dans cette direction que semble vouloir aller Tomy. Tel un cabri celui-ci quitte le sentier puis, à coups de reins énergiques, coupe droit pour rejoindre en amont la construction. Pendant ce temps, les plaintes de l'âne continuent de plus belle, toutes pleines d'une certaine beauté un peu triste.

Plus que jamais, nous nous sentons proches de Tomy et, involontairement, nos âmes se prennent à le suivre au ras des cailloux et des broussailles jusqu'à ce qu'il arrive quelque part au pied de l'arcade... Sous elle, sous le gros escalier, il y a une voûte, puis une porte, presque vermoulue. Celle-ci est grande ouverte et donne sur une sorte d'étable voûtée qui sent bon la paille. De la paille, il y en a de pleines bottes empilées négligemment. Elles sont caressées par un rayon de soleil qui vient se perdre dans un angle, tout là-bas dans le fond, là où une petite silhouette grise frappe du sabot sur le sol. C'est celle d'un âne qui manifeste son impatience derrière un enclos de fortune.

En l'apercevant, Tomy s'est tout d'abord mis à grogner doucement, puis s'est aventuré dans la pénombre, pas après pas, le museau tendu. L'âne, quant à lui, a secoué son échine et enfin s'est remis à braire comme pour communiquer quelque chose.

Enervement ? Peur ? Ce qui se dégage de lui est déconcertant et, involontairement, nous nous sentons gagnés par l'attitude à la fois prudente et étonnée de Tomy... comme si nos êtres fusionnaient...

« Un âne pourtant... » Quelque chose en nous se raidit et raisonne... « Ce n'est qu'un âne... » Rien à faire. L'émotion qui étreint Tomy est presque nôtre. C'est un sentiment étrange... une sorte d'émerveillement mêlé d'appréhension, un de ces goûts indéfinissables que, tout enfant, nous recueillions parfois au creux des contes...

Tomy flaire maintenant la terre battue du sol et la paille éparse, feignant un instant d'oublier derrière son enclos l'habitant des lieux. Celui-ci d'ailleurs s'est tu. Il l'observe simplement d'un œil curieux puis plonge son nez dans une mangeoire pleine de foin.

« Tout ceci est sans doute anodin, murmure la voix-guide en s'immisçant à nouveau doucement en nous, mais, voyez-vous, il y a un enseignement derrière la banalité de cette situation... Ne le devinez-vous pas, tel un parfum, dans ce sentiment d'émerveillement qui flotte encore autour de vous ?

Le sens de l'émerveillement, cette sorte de fraîcheur du cœur face à l'inconnu, face à l'inhabituel... Puisse votre peuple d'hommes renouer avec le maître intérieur qui donne accès à tout cela ! Ce n'est pas de puérilité dont je vous parle mais de cette simplicité de l'âme que l'on nomme spontanéité. C'est elle qui bâtit les amitiés. Oui, je vous le dis, depuis quelques instants c'est déjà une amitié qui se tisse entre Tomy et cet âne. Chez vos frères animaux, la naissance de l'amitié va souvent de pair avec le goût de la découverte. Découvrir l'autre est une aventure... un voyage en terre inconnue vers de nouvelles odeurs, d'autres lumières. C'est inquiétant, certes, parfois, mais combien fascinant, presque hypnotique. On en oublie tout, la faim, le froid, la solitude et l'on met en place un vieux rituel... presque un antique langage inscrit dans les profondeurs de l'être. Tout d'abord parce qu'on ne met pas de temps à connaître les intentions de l'autre. Les âmes animales sont constamment à nu les unes face aux autres. Et puis, il y a le regard, le rayon de lumière qui s'échappe au devant du poitrail... Alors, je te dis qui je suis et je sais qui tu es. Cela suffit... à moins... à moins que l'homme n'intervienne, à moins que son empreinte incompréhensible ne s'en mêle et n'impose sa raison. Si tu es mon ami, je peux jouer avec toi à la seconde même, je peux commencer à partager ta vie pour une minute ou pour toujours. Ce n'est ni toi ni moi qui décidons de cela mais la Force de Vérité qui réside en nous. Elle est sans détour, telle qu'en elle-même à chaque seconde qui passe. Si tu es mon ami, tu n'es ni beau ni laid, ni fort, ni faible. Tu es simplement mon complice et je suis le tien jusqu'à ce que la vie nous sépare. »

Pendant un instant Tomy a fait mine de sortir de l'étable puis, comme s'il s'était ravisé, il a fait demi-tour pour revenir d'un pas plus tonique en direction de l'âne.

Celui-ci alors a secoué la tête au-dessus de la barrière de son enclos et le jeune chien s'est mis à flairer la paille près de ses sabots.

« Cela aussi c'est une marque d'amitié, reprend la voix-guide. Se laisser flairer les pattes, cela veut dire tout simplement "Je veux bien que tu en saches un peu plus long sur moi." Tout cela correspond... à une belle et chaleureuse poignée de mains que vous échangeriez avec un autre humain. Pour votre frère animal, c'est une façon de pénétrer un peu le chemin que vient de parcourir son ami. L'énergie vitale qui entoure les pattes constitue une mémoire à elle seule. Elle draine la marque des mille choses rencontrées les jours précédents : les dernières promenades et leurs découvertes, le plaisir ou la crainte qu'on y a éprouvés, parfois aussi le signe de l'homme qui y est mêlé.

Car chaque homme a un signe, voyez-vous... au-delà de son odeur, de la lumière qu'il répand et du son de sa voix. Ce signe est un peu... la forme de son âme, le sceau dont l'Esprit de Vie l'a marqué. Ce sceau, vous pourriez dire qu'il est une qualité, c'est-à-dire une énergie, une polarisation de l'être. Au niveau où nous le percevons, il a toujours forme animale[1]. Ainsi, certains hommes sont des hommes-renards, des hommes-faucons, des hommes-truites, des hommes-fouines. Vous pouvez revêtir, à votre propre insu, toutes les apparences de vos plus jeunes frères. Cela signifie que leur principe de vie existe en vous, qu'il est imprimé sur vos comportements, tel un guide, depuis votre naissance.

Chaque être de mon peuple sait lire cette marque en vous. Cela explique des attitudes, la difficulté ou au contraire l'aisance de certains contacts. Ainsi, pour approcher les loups au sein de leur civilisation, il faut, dès la venue en ce monde, porter le « sceau du loup au fond de l'âme et être ouvert à sa présence. Sachez qu'être conscient de cela c'est être relié à une force primordiale de la Nature, c'est avoir la possibilité de puiser en soi une infinité d'éléments de compréhension de la Vie, de s'en alimenter et d'en alimenter autrui. C'est tenir un fil directeur par lequel on peut remonter un peu plus à sa propre essence... à celle d'une étoile, d'un soleil, d'une couleur, d'une note de musique. Une note de musique... surtout, surtout... Celle que l'Esprit de Vie a voulu que nous jouions et développions en nous... à tous les niveaux, avec toutes ses harmoniques. Chaque forme de vie qui prend naissance dans la matière, voyez-vous, est en quelque sorte jumelée à une autre forme de vie appartenant à un règne différent du sien. C'est ainsi que chacun de vous est apparenté à un minéral, à un végétal, un animal, un ange et même bien au-delà. D'une façon analogue, il y a

---

1 - Les chamans utilisent le terme d'« animal-totem ».

bien sûr déjà de l'humain dans chacun de vos frères animaux. Ce que ces derniers seront dans « les temps à venir » se prépare et vit déjà en eux avec une polarisation bien spécifique. C'est de cette façon que l'Esprit de Vie se prolonge et grandit en chacun... jusqu'à ce que chacun le perçoive en soi, et veuille à son tour le faire croître et le redistribuer. C'est pour cela que l'Amour est là... même où vous ne le voyez pas, même où il vous semble, avec votre raison, qu'il ne peut pas être. »

Tandis que la voix-guide distille en nous ces paroles, nous continuons d'observer Tomy qui vient de se coucher sur le sol, le museau entre les pattes. A-t-il choisi de demeurer là pour fuir la fraîcheur matinale ou attend-t-il quelque chose d'autre ? La Présence se garde bien de nous le dire. Celle-ci nous est devenue si familière que nous commençons à deviner en elle la moindre pointe de malice... comme une étrange et tendre volonté de jeu.

Cependant, le museau toujours dans la paille, Tomy soupire bruyamment et ne paraît pas même regarder son ami l'âne désormais parfaitement immobile dans son coin. Dans le velours de la pénombre à peine visitée par une langue de soleil, tout semble peu à peu se figer. Il y a là une sorte d'invitation au silence.

« Nul n'est tenu de parler pour communiquer, chuchote la voix-guide dans les replis de notre âme. Ces deux-là échangent déjà mille choses. Pourtant, ils ne s'observent pas... car l'animal sait que parfois le regard trouble le lac profond de la conscience.

Laissez-vous donc inviter par eux. Pour cela il ne doit pas y avoir de rides à la surface de votre cœur... ni pensées ni désirs. Contentez-vous d'être... être simplement à leurs côtés, comme un des leurs car c'est cela que signifie *être frères*, être capable de communier à la même pensée. »

Dans l'étable que plus rien ne trouble, le voile d'un doux silence est tombé sur nous tous. Nos êtres subtils, dont nous ne parvenons plus à percevoir ni les contours ni la substance, se sont dissous... Et pourtant, nous sommes bien là, plus présents, plus conscients que jamais, quelque part vers la voûte de pierre. Nous sommes seulement des regards capables de tout envelopper, de tout aimer, appelés de l'intérieur à pénétrer chaque chose, chaque être et à les recevoir. Instant magique où l'on éprouve le sens de la fusion...

Alors, semblable à une perle fine dont l'éclat touche l'âme, quelque chose se met à scintiller au plus profond de notre être. Ce quelque chose fait naître une sensation délicate, intraduisible mais en laquelle nous devinons une présence nouvelle. Petit à petit, un son en émerge, une douce modulation qui paraît provenir... presque d'un autre espace. Et ce son devient une voix, discrète, fluette, mais belle et sereine.

« Permettez-moi, fait-elle tout d'abord, à peine audible, de vous parler au nom de mon peuple, celui des ânes. J'en suis la conscience et le guide. Mon cœur, celui des miens, contient tant de secrets qu'il en ressent un fardeau. C'est un fardeau qui n'a pas véritablement d'âge, tant il remonte à d'autres temps que la mémoire des hommes n'a su préserver. Saurez-vous m'en décharger quelque peu en m'offrant votre amour ? Ce poids ne m'inflige nulle souffrance mais entretient une vieille lassitude. Je sais que, par elle, l'étendue de ma conscience et celle des miens se polissent. Pourtant il y a un Feu intérieur qui me commande de raconter... comment tout cela est arrivé. »

« Cela...? »

« L'événement... le nœud, la marque de mon peuple, ce qui le lie à cette Terre et à ses hommes.

C'était il y a des millions et des millions de vos années, en un temps où le feu et l'eau qui se rencontraient faisaient naître de longues mers de brume à la surface du continent. Comme tout ce qui se meut sur cette Terre, les premiers éléments de ce qui constitue aujourd'hui mon peuple avaient déjà depuis longtemps pris corps dans cette matière, apportés par un souffle venu des étoiles. Mon esprit, lui-même issu du Centre de l'Univers, était jeune encore dans la tâche qui est sienne. Il apprenait les lois de la densité à travers d'immenses troupeaux de petits êtres, assez semblables à ceux que vous connaissez aujourd'hui, mais plus velus. La contrée où les premiers des miens avaient fait souche était verdoyante et se situait quelque part aux pieds de ces montagnes que vous nommez Himalaya. Ma tâche était d'insuffler aux êtres dont j'avais la charge... une pénétration aigüe de l'âme de tout ce qui vit... une vision de ses couleurs, une perception de son devenir. Ainsi, étais-je et suis-je encore polarisé. L'Esprit de Vie a en effet placé en moi, de toute éternité, des talents d'interprète et de devin...

Par ma sensibilité, je devais permettre à ceux de ma race, ceux dont la conscience émanait de la mienne, de traduire par des signes la présence de Forces divines à l'ensemble du peuple animal et humain. Je devais servir de rappel vivant à ceux-ci. En ce temps-là, il y avait une race d'hommes dont ma conscience était proche. Ces êtres qui vivaient solitaires dans les montagnes étaient détenteurs d'une profonde sagesse. La mémoire de tout le genre humain était vivante en eux. Eux aussi servaient de rappel vivant de la Présence divine pour l'ensemble de leur espèce. Nous étions en quelque sorte leurs compagnons et leurs alliés. Par des signes que nous pouvions laisser parler à travers nous, nous les aidions à pénétrer les événements à venir, non pour manifester un pouvoir mais pour mieux diriger leur présent et mieux les aider à déceler les richesses de la Création. Ces hommes se plaçaient au dessus des rois dont ils influençaient souvent les décisions et les comportements. Dans l'esprit de certains en ce monde, nous étions si proches d'eux que l'on en venait à nous unir en un seul nom...[1]

Ainsi, nous transmettions en commun une énergie, une force par laquelle ma propre conscience croissait aussi à travers mon peuple. Ce dernier m'enseignait tout autant que je l'enseignais.

Puis, vint le temps de la rupture entre le monde animal et le monde humain. Une duplicité maladive s'introduisit en l'homme. Nous la savions déjà présente depuis fort longtemps mais elle somnolait comme un germe qui attend son heure. Dès lors qu'elle se révéla, elle se diffusa telle une peste ou une gangrène à la surface du continent. Il y eut l'orgueil, la rébellion, la cruauté et... le doute. Certains de mes frères animaux furent contaminés par des sortes de flammes sortant des cœurs humains et se fermèrent à tout partage. Oui... il y eut donc le doute, le doute qui vient du choix, cette rencontre des chemins ou chacun contrôle et estime sa force, sa transparence, où chacun aussi vient se placer un instant, sans le savoir, au centre d'une croix. C'est en mémoire de cette heure du Choix

---

1 - Sans doute faut-il voir ici une allusion aux Ases, divinités qui ont donné leur nom à l'Asie et aux As de nos jeux de carte, effectivement supérieurs aux Rois. La langue française traduit bien la parenté de nom à laquelle il est fait référence ici puisque, pendant des siècles, le mot âne a été orthographié « asne ».

que l'Esprit de Vie a inscrit un signe sur l'échine de certains des miens.[1]

Une heure qui demeure plus que jamais vivante en ma conscience, mi-douloureuse, mi- joyeuse.

Devant l'épreuve du choix, je vins à douter de ma place parmi mes frères animaux. L'homme m'attirait, je ne crains pas de le dire. Au lieu de me replier avec la majorité de ceux de mon peuple, je voulus donc continuer à cheminer aux côtés de l'humanité, à la servir. La trahison par rapport aux miens n'était pas dans mon cœur ; elle ne l'a jamais été... mais le remords y est né, peu à peu. Je n'avais pas été doté de conscience humaine ...Les cordes de mon âme avaient été accordées sur un autre mode et il aurait peut-être fallu que j'accepte cela.

Quoi qu'il en soit, aux yeux de certaines âmes collectives du monde animal, je devins une sorte de paria et j'entraînai mon peuple sur une voie de solitude. Je ne vis alors plus d'autre alternative que de servir la Force de Vie qui m'éprouvait, en acceptant de prêter mes échines au gré des besoins humains. Cette servitude me rachète à mes propres yeux et face à la conscience de tous mes frères... bien qu'elle continue parfois de blesser la dignité que ma fonction première a inscrite en moi à jamais. Comprenez-vous la signification réelle et le pourquoi de tous ces fardeaux qui écrasent, quotidiennement, de par le monde, le dos de millions de mes semblables ? Il est l'apprentissage d'une acceptation, une acceptation qui se fait à travers le constat de l'indifférence et de la cruauté humaine.

---

1 - Certains ânes portent en effet très distinctement la marque d'une grande croix sur l'échine.

Parfois, cependant, il m'est donné de poursuivre mon œuvre à la plus juste mesure de ma connaissance. Quelques hommes, de-ci, de-là, se souviennent encore de la polarisation de mon âme, de mes talents d'interprète du Courant divin. Ceux-là sont rares. Ils savent lire entre les pages de l'histoire des peuples et à travers ce qu'on dit être des légendes, les traces de l'empreinte lumineuse dont je suis marqué. Ils comprennent le pourquoi de ma place auprès du Maître Jésus, naissant ou pénétrant dans Jérusalem. Ils savent le pourquoi du roi Midas arborant des oreilles d'âne et transmutant tout en or sur son passage. C'est pour cela aussi qu'il est des contes mentionnant quelque pouvoir placé dans mes sabots ou mes robes de poils[1]. Toutes les Traditions de la Terre des hommes véhiculent de semblables souvenirs. Celles-ci perpétuent autre chose que des symboles et des allégories.

Patiemment, à travers les miens, j'attends alors le jour où mon âme aura pleinement accepté et intégré la noblesse de son animalité, le jour aussi où l'homme aura redécouvert le Sacré, où il verra derrière mes yeux quelque chose d'autre que la stupidité[2]... Opiniâtre à l'excès,

---

1 - Se référer ici au conte « Peau d'âne ».
2 - Il semble bien que le symbole du bonnet d'âne dont on recouvrait autrefois la tête des cancres ait été utilisé de façon totalement erronée. Initialement, il ne véhiculait pas une volonté de moquerie qui assimilait l'ignorance de l'élève à celle de l'âne. Il servait plutôt à émettre le souhait que celui qui portait un tel bonnet puisse acquérir la connaissance de l'âne. Il avait la même fonction que la forme pyramidale dont on dit qu'elle concentre certains rayons en un point précis. Voir aussi à ce propos l'image de l'entonnoir (cône qui rappelle la pyramide) que certains peintres ou dessinateurs placent traditionnellement sur la tête de ceux qui ont perdu le sens commun.

sans doute le suis-je en effet, amis humains... mais derrière cette opiniâtreté se cache un trésor qu'il me tarde de vous offrir. Si je m'adresse à vous aujourd'hui, ce n'est pas, certes pas en vue d'implorer votre pitié ou d'émettre une longue plainte... mais tout simplement pour que vous compreniez parce que vous avez besoin de comprendre pour aimer... et parce que mon peuple, celui des ânes, a un immense besoin de votre amour. »

Telle une flamme qui s'éteint sans crier gare, la voix s'est retirée de nous. Durant un long moment, cependant, son empreinte a persisté. Maintenant encore elle semble nous priver de toute volonté de mouvement et de toute soif *d'autre chose*. Sa nostalgie nous habite, déconcertant mariage de fierté et d'humilité.

Non loin de nous, Tomy et son nouveau compagnon n'ont toujours pas bougé. Etaient-ils conscients que *quelque chose* se passait ? Seule une volée de cloches, s'échappant de l'église voisine, suscite un mouvement d'oreilles chez eux. Nous pourrions partir, laisser glisser doucement nos corps de lumière sous l'arcade de la porte, mais une force muette nous persuade du contraire.

Se dessine alors la certitude que nos êtres n'ont pas fait le plein de ce qu'ils doivent vivre en ces lieux. Et la voix ? Où est-elle cette Présence-guide qui nous a menés ici ? Ce qu'elle nous a fait vivre jusqu'à cette heure nous paraît à la fois si fantastique et si logique en même temps... Nos repères en sont décalés et, malgré notre conscience qui demeure vive et déployée, nombre de données se bousculent en nous.

Une sensation, pourtant, demeure immuable depuis le début de ces expériences. Une perception que, dans l'écrin chaud de cette étable, nous éprouvons plus pleinement, comme si elle était concrète, comme si nous pouvions la toucher du bout des doigts. C'est celle d'une grande paix... au sein de laquelle tout s'agence avec simplicité.

Soudain, une nouvelle volée de cloches... et voilà l'âne qui part d'un long braiement à n'en plus finir. De l'aura de Tomy qui paraît alors se mettre en mouvement, des formes d'un blanc laiteux s'échappent les unes après les autres. Puis, telles des bulles de savon qui tenteraient de prendre leur envol, elles disparaissent. L'une d'elles cependant persiste et s'amasse comme une brume qui vient à se fixer derrière la nuque du jeune chien. A ses contours mouvants, à sa douce coloration, nous comprenons qu'elle traduit l'activité de la pensée de Tomy et que c'est par elle que nous devons nous laisser en quelque sorte contaminer si nous voulons pénétrer un peu plus avant dans le monde animal.

Se défaire de nos références humaines... là réside tout le problème. La Vie attend-t-elle de nous une expérience purement chamanique ? Mais aussitôt cette question elle-même prend l'allure d'un parasitage. Aussi, nous n'espérons qu'une chose, la gommer de notre conscience... afin qu'il ne reste plus rien, plus rien d'autre de nous qu'une oreille, un œil et surtout un cœur.

Les secondes passent, les cloches continuent de sonner et, tandis que l'âne frappe le sol de son sabot, Tomy tend le museau comme pour palper quelque chose dans l'air. Dénués de toute volonté personnelle, nous nous laissons alors attirer par la brume blanchâtre qui s'est fixée et s'expanse derrière sa nuque. Nous la percevons telle une espèce d'entonnoir qui nous appelle. Oui... il faut que nous nous y enfoncions et que, l'espace de quelques instants, celui-ci devienne notre monde, notre univers, notre galaxie.

Dès lors, rien d'autre ne compte que cet espoir, que ce vouloir au sein même de la non-volonté et de l'oubli de soi.

Enfin tout bascule. Absorbées par Tomy, nos deux âmes dépersonnalisées ne voient plus que par ses yeux, ne sentent plus que par son museau tendu. Sous ses pattes – faut-il dire sous nos pattes ? – la chaleur un peu rugueuse de la paille du sol nous est perceptible. Elle nous inonde peu à peu et achève ainsi de nous ancrer dans le petit corps velu de Tomy. Voilà... quelques secondes passent encore et nous respirons par lui, en lui et son halètement devient nôtre. Des sensations nous traversent, pêle-mêle, comme un bouquet de fleurs des champs, désordonnées, sauvages. Nous y découvrons la solitude et la joie, l'étonnement et la crainte, puis mille autres choses que jamais une plume ne saurait transcrire... Enfin, derrière tout cela, semblable à une toile de fond, un paisible équilibre, une puissance sereine.

C'est le paysage de l'âme de Tomy, nous le savons à la seconde même où nous le visitons. A cette heure, il est habité aussi par des scènes dont les couleurs ne sont pas les nôtres, peut-être plus pastelles, plus riches en ocres et en gris. D'abord, nous y captons l'image furtive d'un attroupement au pied d'une petite église, puis l'encolure de l'âne et son œil... surtout son œil, avec ses longs cils.

Cet œil demeure là, omniprésent dans la conscience de Tomy. Fixe et profond, il déverse aussi quelque chose en nous. Cela ressemble à un long discours sans mots, à une injection de connaissance ou plutôt de compréhension. En quelques secondes, l'univers de Tomy et de son compagnon du moment est totalement nôtre. Nous en distinguons les rouages, la sensibilité, les fondements, la logique... tout cela dans une impressionnante vague d'amour, un extraordinaire rouleau déferlant qui vient de quelque mystérieuse profondeur océane.

Cette connaissance qui s'infuse en nous parle des arbres et des plantes. Elle raconte la vie d'un vieux petit chêne où l'âne est si souvent accroché, son écorce de liège que l'on découpe, le vent dans ses branches et le chant du peuple des cigales. C'est la science du mariage de tout cela qui y est enseignée là. L'animal aux longues oreilles l'offre à Tomy. L'histoire simple de sa vie telle qu'il la lui conte, c'est l'histoire de ses attentes, celle de la couleur des fleurs qui change sans cesse ou de la courbure des racines sur le bord du chemin.

La magie de cette simplicité nous enlace, elle nous nourrit d'un indicible bonheur qui fait de chaque chose un miracle.

« Alors, oui... nous disons-nous avec Tomy et son compagnon, as-tu vu cette grosse racine, là où le sentier se courbe tellement, tout en bas du vallon ? Il y a une pierre... Crois-tu que la racine passera dessous ? »

Et au cœur même de ce questionnement si naïf, si étranger aux regards humains, nous découvrons une sorte de délice, tout un jeu de l'âme qui prend plaisir à dénouer une énigme. Au plus profond de nous-mêmes nous découvrons ainsi, dans un espace du temps animal, comment la couleur d'une feuille ou la courbure d'une branche peut être aussi belle et passionnante qu'une page de littérature ou un film d'aventure. Les contours du monde, sa beauté, sa laideur passent toujours par le prisme d'un regard.

Soudainement, alors, il nous semble qu'être chien ou âne ou peut-être même arbre sur le bord de la route est tout aussi logique, grand et beau que de prendre vie humaine. Même s'il se colore de bleu ou de vert, le soleil se nomme toujours soleil. C'est pour cela que derrière chaque masque, on trouve l'unique visage de la Vie, celui que nous ne devons jamais perdre de vue.

Voilà la leçon que nous dispensent Tomy et son compagnon. Certes, dans la pénombre de cette étable, elle n'a pas de quoi satisfaire l'intellect puisqu'elle nous enseigne une route qui serpente entre compassion et partage... mais peut-être est-elle au moins capable d'offrir un ravalement aux âmes qui vieillissent à force de se contempler elles-mêmes...

Au fond de nous une voix murmure à nouveau :

« Amis, souvenez-vous, que c'est dans ce qui n'est pas encore humain que bourgeonne l'humain et que c'est à partir de l'humain que s'élance le supra-humain. Ceci est une chaîne sacrée... non parce qu'un être l'a décidé ainsi, mais parce que cela représente l'axe de la Vie elle-même. Si votre cœur vient à souffrir, seul, coupé de tout, peut-être est-ce parce qu'il n'a jamais voulu vivre qu'à travers ses propres battements...

Posez-vous en la question. »

Chapitre VII

Dans l'écrin de l'eau...

Les jours ont passé, une fois de plus. Sans nouvelles. Cent fois, au cours de nos activités, nous avons tenté d'imaginer Tomy. Que faisait-il ? Avait-il enfin trouvé ? Un instant nous avons été tentés de boucler une valise et de prendre la route pour essayer de le rejoindre physiquement. Sans doute pourrions-nous le retrouver, ce petit village où nos âmes l'ont accompagné pendant quelques heures... Ce devrait être possible ! Avec un peu de chance il y serait encore, attendant chaque matin une assiette de nourriture, puis faisant un détour par l'étable, sous l'arcade de pierre. Mais l'idée de mettre ce dessein à exécution s'enfuit d'elle-même, comme si quelque chose d'impalpable nous disait qu'il ne fallait pas que cela soit ainsi.

Enfin, ce soir, en cette fin d'hiver, la voix-guide est venue nous chercher. C'était il y a quelques instants à peine. Elle s'est mise à résonner au centre de notre crâne comme pour nous réveiller de quelque torpeur. Elle y a réussi... nous n'avons eu qu'à nous allonger et dans une longue détente, une longue inspiration, nos consciences l'ont suivie sans effort. Nous avons cru tomber dans un trou sans fond, tandis que nos corps s'éloignaient à une vitesse effarante, puis ce fut tout...

Maintenant, au-dessous de nous, à une vingtaine de mètres, il n'y a plus qu'une réalité : celle d'une bande d'asphalte, une route, une nationale. Les voitures y roulent vite. Sous le soleil qui décline, elles offrent à nos yeux le spectacle d'un cortège presque ininterrompu. De temps à autre, des coups de klaxon retentissent puis s'en vont mourir dans le lointain.

Pourquoi sommes-nous ici, presque au milieu de cette cohue ? Où Tomy est-il donc allé se perdre ? Nous n'avons pas à attendre bien longtemps pour comprendre car, déjà, sa petite silhouette nous apparaît, marchant tout là-bas devant sur le bord de la chaussée. L'air las et la tête basse, Tomy trottine Dieu sait vers où, ne cherchant même pas à éviter les flaques d'eau boueuse de l'accotement.

Face à cette vision du jeune chien en apparence égaré et très amaigri, il nous faut lutter un instant contre le sentiment de tristesse qui s'empare de nous. Celui-ci ne doit pas grandir, non. Coûte que coûte, il doit s'enfuir de nos cœurs, faute de quoi nous serons à nouveau prisonniers de nos corps physiques, rappelés par ceux-ci avec insistance.

Telle une bouffée d'oxygène ou un rayon de lumière, la voix-guide surgit alors à nouveau. Véritable bourrasque chargée d'espoir, sa présence nous secoue.

« Avez-vous donc tout oublié de ce que vous savez ? Attendez encore un peu ! Croyez-vous que je vous aie fait venir ici pour que vous assistiez à la déchéance d'un animal sur le bord d'une route ? Il y a une auberge non loin de ce lieu. La conscience-groupe de Tomy en a murmuré l'existence à celui-ci. Regardez, vous pouvez déjà en apercevoir les quelques lampadaires allumés. »

En effet, sur la droite de la nationale, dans un creux du paysage et tout au bout d'un chemin, nous distinguons une grosse bâtisse. A demi cachés par un groupe de platanes aux troncs tourmentés, ses murs de pierre nous apparaissent les uns après les autres.

En même temps que nous, Tomy semble en avoir remarqué les lumières car le voilà qui coupe droit vers elles, à travers une sorte de garrigue, dérangeant au passage deux oiseaux qui s'envolent à grand bruit d'ailes. Avec sa petite tour ronde au toit tronqué et ses multiples dépendances, l'auberge n'est autre qu'un vieux mas, vraisemblablement un ancien moulin à eau, restauré. Un ruisseau impétueux coule le long de ses murs et nous nous plaisons à flotter un instant au-dessus de lui avant de découvrir un vivier au pied d'une terrasse couverte.

« Les lieux qui vivent depuis fort longtemps attirent toujours vos frères animaux, affirme la voix-guide en reprenant place en nous. Ils sont auréolés d'une lumière subtile que l'on voit parfois de très loin. La vie humaine exerce une fascination sur vos frères. Plus ceux-ci sont proches de vous, plus leur conscience les fait s'exprimer par eux-mêmes et plus vos points de repère deviennent les leurs.

A chaque fois que vous vous déplacez, vous laissez des traces derrière vous. Ne croyez pas que le peuple animal y soit insensible. Il tente, par une sorte d'automatisme, de les récolter. Cela génère un puzzle qui, pour lui, acquiert petit à petit une signification. Ainsi, l'histoire récente d'un lieu lui est-elle beaucoup plus familière qu'à vous. L'âme animale lit toutes les empreintes de la vie, au niveau où les habitudes et les émotions les ont créées. Cette vision, cette appréhension du monde fait partie de son univers proche.

Regardez ce vieux porche à peine restauré qui mène à l'arrière du bâtiment en direction du vivier. C'est vers lui, très explicitement, que Tomy se dirige. Il y est en quelque sorte aimanté. Devinez-vous pourquoi ?

Allons, approchez-vous encore un peu et regardez mieux. Ne tentez pas de vous reconstruire des yeux physiques ; laissez plutôt ceux de votre âme mieux pénétrer l'espace et le temps. »

Respectueux de ces conseils, nos deux corps subtils se rapprochent de Tomy et se mettent à observer l'endroit avec plus d'intensité.

Sur l'un des piliers du porche, à hauteur de main d'homme, nous remarquons juste un trou dans la pierre qui semble, en un temps, avoir fait figure d'anneau... Hormis quelques plantes folles, cependant, rien de plus.

« Oui, c'est cela, fait la voix... l'anneau ! »

Alors, progressivement, à partir de ce point précis, notre regard découvre une forme, une forme que d'emblée il aurait dû discerner. C'est une sorte de brume argentée, fixe et au contour animal. Elle évoque la silhouette d'un cheval. Sans vie mais bien présente. Comme creusée à jamais dans un sillon du temps, elle est là tandis que Tomy tourne autour d'elle en reniflant les cailloux du sol.

« Vous connaissez ce phénomène, reprend aussitôt la Présence en nous. Ceci est l'empreinte éthérique d'une jument qui resta attachée ici plusieurs heures par jour, voilà quelques décennies. C'est la répétition de ses attentes en ce lieu qui a laissé dans le monde vital le sceau de son circuit énergétique de base. Celui-ci teinte encore les lieux et tant qu'il y demeurera, il générera une ambiance... quelque chose de très subtil que seule l'âme capte inconsciemment, une sorte d'écho qui vient du passé.

Nombreux sont les lieux qui conservent de telles traces. Vos frères aiment ces cartes de visite que la nature d'un endroit leur propose parfois. Ils les recherchent aussi... sauf... sauf quand ceux-ci hurlent d'angoisse. »

« D'angoisse ? Que veux-tu dire au juste ? »

« N'y a-t-il pas des lieux où l'on abat les animaux par centaines et par milliers chaque année ? N'y a-t-il pas des lieux où l'homme a assassiné l'homme par centaines et par milliers aussi ? De tels endroits demeurent empoisonnés pour longtemps, tant que toutes les consciences qui y ont connu la souffrance n'ont pas trouvé la paix totale dans leur cœur. Les différents corps de la Terre, voyez-vous, leurs réalités éthériques, émotionnelles, mentales et au-delà encore, sont totalement analogues à une glaise où tout s'imprime. Il n'y a là rien de mystérieux ; c'est l'effet d'une mécanique dont vous ignorez seulement les rouages. Vos frères animaux ignorent également ceux-ci, mais ils en sont imprégnés. Comparativement au vôtre, leur univers est magique parce que l'accès aux différents mondes ne leur pose aucun problème. Aucun niveau de leur être n'y oppose d'argument. Dès lors, pour eux, tout est normal, tout est possible, tout a une incidence sur tout et tout a la fonction d'un grand livre ouvert... »

« L'empreinte éthérique de cette jument va donc *parler* en quelque sorte à Tomy ? »

« Peut-être pas... peut-être n'a-t-elle rien de particulier à lui faire sentir. Peut-être transpire-t-elle simplement le parfum d'un bonheur sans histoire... mais elle intéresse

Tomy, parce qu'elle l'aide à dresser une sorte de plan émotionnel des lieux en participant à son ambiance. Vos amis sont *tout émotion* ne l'oubliez pas ! Ce que vous, vous tentez de maîtriser, voire de combattre, leur sert quant à eux de ciment. Ils en ont besoin. Seuls l'eau et le feu lavent la mémoire vitale de la Terre. Ils sont l'expression matérielle de la Force divine aux deux visages : l'un féminin, l'autre masculin. »

« Peut-on dire que le peuple animal sait tout cela ? »

En guise de réponse immédiate, la voix se met à rire en nous. Elle se fait alors presqu'enfantine, pleine d'une douceur naïve, insouciante et nous renvoie aussitôt à la puérilité de notre question.

« Non, le peuple des animaux ne sait pas tout cela. Il en connaît la réalité ; ce qui est très différent. Voyez-vous, vous les hommes, vous avez une conception bien arrêtée et, à vrai dire, bien confuse de l'Intelligence. Vous confondez souvent celle-ci avec la culture, l'éducation et l'instruction, bref avec la capacité de rentrer aisément dans un certain moule et d'en utiliser les concepts puis le vocabulaire.

Pas un instant, vous n'émettez l'hypothèse que l'Intelligence au sens pur du terme puisse être tout à fait autre chose. Croyez-vous qu'on approche la Divinité par un Doctorat de théologie ? Non, l'Intelligence ressemble à un courant d'eau pure que toute forme de Vie parvient à laisser passer plus ou moins à travers elle et qui n'a rien à voir avec un acquis, fruit d'une civilisation quelconque. L'Intelligence, c'est la Connaissance, c'est-à-dire la faculté de puiser à volonté, dans l'Esprit de Vie lui-même, tout ce qui est nécessaire à l'harmonie de l'instant présent. Elle ne se projette pas dans le futur parce qu'elle en connaît l'illusion. Elle est donc la perfection à travers la simplicité puisque la notion de problème à résoudre n'existe pas pour elle.

Vos frères animaux la possèdent, potentiellement, embryonnairement, au même titre que vous. Ils en développent une facette différente de la vôtre, certes, mais qui n'a rien à vous envier... dans le sens où celle que l'humain cultive et développe génère toutes sortes de maux.

A quoi songez-vous lorsque vous foulez la terre ? Au but que vous voulez atteindre ou à ce que vous allez faire dans l'heure qui suit... Eh bien, pour ceux de mon peuple, cet automatisme n'existe pas. La manifestation de l'Intelligence qui s'exprime à travers eux s'occupe tout aussi bien de ressentir ce qui se passe sous leurs pattes. Continuez d'observer Tomy. Voyez à quel point il emprunte un itinéraire apparemment illogique sur la pelouse qui s'étend le long du vivier. Il revient sans cesse sur une même zone, en contourne systématiquement une autre. Ne croyez pas que seul son odorat, toujours en quête de la trace d'autres animaux, lui dicte un tel parcours. Les réseaux telluriques signifient en effet quelque chose pour lui. Physiologiquement son axe dorsal qui demeure horizontal s'y prête particulièrement car il est continuellement traversé de bout en bout par les courants qui circulent à la surface de la planète.

Ainsi que tous ses frères, il aime, lorsqu'il le peut, se laisser capter par leur rayonnement. Il en suit l'invisible tracé le plus possible. Il en perçoit intuitivement les *nœuds,* c'est-à-dire les endroits qui vont perturber son équilibre ou au contraire le régénérer ou susciter en lui des rêves. »

« Nous pourrions donc nous laisser attirer par les mêmes zones... »

« Vous ne pouvez pas calquer votre attitude sur la leur car la polarité de vos corps n'est pas toujours analogue à celle dont la nature les a dotés. Loin s'en faut. Vos frères les chats, par exemple, aiment plutôt à sommeiller, lorsqu'ils sont seuls, sur des lieux où l'humain aurait, quant à lui, tendance à se décharger en vitalité. »

Un peu en dessous de nous, Tomy vient de s'arrêter sur le bord du vivier. A travers les reflets de la surface de l'eau, sans doute a-t-il perçu les silhouettes grisâtres et argentées de quelques poissons car ses oreilles se sont soudainement tendues et sa tête s'est mise à afficher d'étranges expressions.

Tandis qu'amusés par la scène, nous continuons de l'observer de plus belle, une notion, une idée, un mot viennent presque brutalement frapper à la porte de notre conscience :

« Soif... soif... »

Puis surgit aussitôt une image, furtive, mais tellement nette. Celle d'un récipient de verre qui se renverse et se casse... peut-être un aquarium...

« Pas le droit... ? »

Nous captons l'interrogation de Tomy, un début d'inquiétude[1]. Le museau du jeune chien se lève et se fixe en direction de la bâtisse. Dans le mur, à quatre ou cinq mètres de lui, une grande baie vitrée toute éclairée laisse apparaître des silhouettes humaines attablées.

Un œil rivé sur elles, Tomy se met alors à laper bruyamment un peu de l'eau du vivier. Aussitôt, deux ou trois poissons créent un gros remous à sa surface puis la masse grise de tout le groupe va se tasser dans un coin.

---

1 - Sans doute avons-nous simplement saisi là le souvenir d'une bêtise commise jadis par le jeune chien et qui l'habite encore.

« Laissez-le, fait la voix-guide. Mieux vaut que vous vous glissiez vers le ruisseau, au pied du mur. Vous allez comprendre… Je veux que vous entriez en contact avec le monde de l'eau. L'avez-vous jamais exploré ? Je sais, ce n'est pas aisé. On a parfois la sensation que les corps, même les plus subtils s'y dissolvent et que notre identité s'y émousse. Ce n'est pas tout à fait faux…

L'eau, dans sa réalité éthérée, est à la fois le sang de la Terre et la base de tout organisme. Lorsqu'un corps matériel ou immatériel y plonge, il se met en contact avec la mémoire, non seulement de ses propres origines, mais aussi de celles du monde. Chaque molécule d'eau véhicule une myriade d'informations sur tous les plans vibratoires. D'un certain point de vue, bien que cela puisse sembler être une aberration, ce que nous appelons *terre* n'est autre que de l'eau densifiée, contractée, de l'Eau qui a subi une transmutation. Mais peu importe que vous compreniez cela ou non pour l'instant. Ce qu'il vous faut savoir c'est que l'élément Eau, à tous ses degrés de manifestation, peut amener l'âme à voyager au-delà de sa personnalité temporelle, temporaire et, de ce fait, réduite. Il vous propose donc une plongée au cœur de vous-même et plus généralement du monde. Les consciences qui vivent dans l'eau ont ainsi, depuis des temps immémoriaux, une vision et une compréhension du Tout qui en font des matrices colossales pour les univers à venir.

Allons, approchez-vous de ces herbes et laissez le corps de votre âme frôler la surface dansante du ruisseau. Il y a une grosse pierre à demi couverte d'algues, la voyez-vous tout au fond ? Laissez-vous appeler par elle, sans résistance, et ne songez plus à Tomy… »

Lentement, nous tentons alors d'abandonner nos corps subtils à la présence fuyante de l'eau. Nous ignorons où cela va nous mener mais la caresse que les vaguelettes qui courent semble imprimer sur notre peau immatérielle, est déjà fascinante. Enfin, d'un coup, nous sommes pris l'un après l'autre par l'envie de tout *laisser aller*, d'abolir en nous jusqu'à la plus infime résistance et d'immerger notre regard, notre être, dans le lit herbeux du petit ruisseau.

En un éclair, la totalité de notre univers sensible bascule... Des bandes de lumière jaune, horizontales, passent devant nos yeux comme de longs serpentins, puis se teintent d'argenté et s'évanouissent...

Désormais, tout est clarté ; le jour qui tombe ne nous concerne plus, ni le monde de l'auberge qui commence à s'activer. Le creux du ruisseau qui nous ouvre ses entrailles nous paraît un fleuve tant ses éléments se sont dilatés. Les mousses et les herbes aquatiques sont devenues immenses et mauves, quant aux pierres et cailloux, nous les voyons couverts d'une sorte de dentelle couleur de lune, en perpétuel mouvement. Et tout cela palpite, tout cela exprime une vie intense, une lumière intérieure qui nous emplit de paix. Cependant nous remarquons que notre conscience est incapable de se centrer sur elle-même tant il nous semble habiter tous les recoins du ruisseau à la fois. Tous nous concernent, comme s'ils nous étaient familiers, presque comme s'ils faisaient partie de nous-même. Les herbes dansent et mille particules immaculées circulent autour de nous, évoquant le scintillement des étoiles et leur course folle.

Sous la grosse pierre, une présence nous observe. Nous voit-elle réellement ? Nous l'ignorons mais nous sentons qu'elle nous sait là tout comme nous savons qu'elle existe sans même l'avoir discernée clairement.

Les yeux de notre âme fouillent alors la lumière. Un élan d'amour indicible les pousse à le faire sans une hésitation, avec une seule idée pour moteur... le partage... Dans le fouillis des algues aux nuances mauves, un regard scintille enfin. C'est celui d'un poisson impressionnant d'impassibilité. L'œil fixe, la mâchoire inférieure proéminente et qui paraît boire doucement la lumière ambiante, il regarde dans notre direction. Nous ne pensons plus... Notre être intérieur devient véritablement inapte à concevoir l'instant présent, puis l'immensité de la Vie, autrement que comme une méditation.

Sommes-nous encore des humains en visite dans l'univers aquatique ? Nous nous sentons totalement incapables de l'affirmer tant *quelque chose* au fond de cette eau, de ce ruisseau, fait corps avec nous et nous impose son respect sacré.

« On m'a dit que vous viendriez... Je savais qu'une conscience humaine pénétrerait mon monde... Le temps du rapprochement arrive, c'est pour cela que je puis vous parler. Pourtant, je ne vois qu'une petite boule de lumière face à moi... Est-ce bien à elle que je dois m'adresser ? »

Sans que nous la maîtrisions, une force en nous s'élève et s'écrie que « oui, oui, c'est bien à elle qu'il convient de s'adresser ». Simultanément, nous distinguons comme une image qui jaillit hors de notre conscience. C'est une image à laquelle nous ne pouvons rien, mais qui nous paraît intuitivement contenir la totalité de notre cœur, de notre pensée, peut-être même de notre identité, à la minute même.

« Ah oui... fait simplement en nous la présence du poisson. Il faut donc que je vous enseigne mon monde. »

Et tandis que ces mots viennent résonner en nous, ils acquièrent une étrange coloration. Nous prenons conscience que l'animal s'est exprimé ainsi que le ferait un souverain vis-à-vis de son royaume... Et, du même coup, la sensation de redevenir des humains dans un univers qui n'est pas le leur nous gagne avec intensité.

Cette seule pensée génère aussitôt au plus profond de nous-mêmes un véritable rire, à la fois grave et tout à fait amusé. D'où jaillit-il ? Vient-il donc du poisson ? Face à nous, l'œil immobile de l'animal ne traduit cependant toujours rien de visible.

Et le rire continue, se faisant toutefois plus doux, moins dominateur. Il continue jusqu'à ce qu'une pensée en émerge, extérieure à nous et explose à la surface de notre conscient telle une bulle de savon.

« Mon monde... oui, oui, je comprends ce qui vous surprend ! Eh bien oui, je règne sur quelques ruisseaux de cette Terre. Ma tâche est de tout y ordonner, d'y réguler l'expansion de la Vie. Pouvez-vous entrevoir cela ? Au-delà, je ne sais pas, l'eau n'est plus mienne. L'Esprit de Vie ne m'en donne pas l'accès.

Pourquoi venez-vous ici ? Est-ce de votre propre volonté ? Je n'ai appris qu'à me méfier de l'homme et à éduquer les miens dans cette attitude. Toutefois mon peuple demeure passif, il me semble toujours s'offrir en sacrifice à ceux de l'air... »

Cependant que l'animal s'exprime de la sorte, nous voudrions répondre à ses questions... mais nos pensées sont confuses et demeurent rebelles à toute volonté de les ordonner. Dès lors, il nous semble subir la situation face à une personnalité déroutante et dans un univers où les références ont peu en commun avec les nôtres.

« Tous ceux de l'air nous ignorent... aussi est-ce une joie de communiquer avec votre présence. Oui, j'ai appris ce qu'est la joie... ou plutôt j'ai appris à avoir conscience de l'état de joie. Cet état, mon peuple le vit sans savoir ce qu'il est, sans le différencier d'autre chose... Puisqu'il ignore ce qu'est cet *autre chose*. J'œuvre donc dans l'espoir de lui enseigner la vigilance, parfois la méfiance. Mon peuple vit dans l'Unité, voyez-vous... mais l'Esprit de Vie m'a fait comprendre que les miens ne maîtrisent pas cette Unité, ils n'en connaissent ni la valeur ni la signification car ils ne l'ont pas découverte. Mon peuple est immergé dedans... il est victime de sa propre perfection parce que celle-ci est une bulle qui n'a jamais éclaté. Ainsi, je tente de lui enseigner ce qui est double, ce qui sépare, ce qui fait éclore le doute. Je l'accouche de sa conscience. Je suscite l'ombre afin qu'il goûte à la lumière en sachant qu'elle est la lumière. Chacun me craint ici, non parce que je n'ai pas d'amour en moi, mais parce que c'est par la crainte que je fais jaillir les réactions, que je génère le mouvement et des étincelles de conscience... Ne dites pas que mon peuple est stupide car je l'aime et parce que la stupidité n'a de signification que lorsque le savoir a commencé à prendre place dans un être. Ici, nous sommes encore dans l'univers de la Connaissance non maîtrisée, de la fusion involontaire. Il n'y a ni bien ni mal, juste le fait d'exister... L'Esprit de Vie est pleinement en nous. Il me dit seulement qu'il doit nous faire nous expanser hors de nous-mêmes et que toutes les péripéties de la vie sont bonnes pour cela. Alors, j'enseigne... j'enseigne en stimulant des réactions, en provoquant des déplacements dans mes ruisseaux et ma rivière. J'active ce que vous appelez l'instinct, je sers de relais à la Force de Vie... et aujourd'hui, je reçois la présence des humains, la présence de l'incompréhensible, celle qui me fait grandir encore pour que grandisse mon peuple. »

Une question enfin parvient à s'organiser dans notre esprit. Elle émerge lentement, avec respect, tandis qu'une bande de tout petits poissons file devant nous et va se perdre entre les herbes.

« Frère… d'où tiens-tu ta connaissance ? »

« De l'eau… car je sais ce qu'est mon eau, car je sais aussi ce qu'est votre eau, celle que vous respirez depuis que je l'ai visitée en esprit.

Mon eau… l'eau… c'est la mémoire. J'y vois la vie de toute la Terre. Les paroles et les actes y circulent, ceux de toutes les créatures. Elle me raconte l'autre bout du monde, les pestilences qui y sont déversées, les déplacements de mes frères inconnus, ses expansions et ses retraits. Tout cela parle en elle à chaque instant car elle est un seul corps, un seul être. Et puis aussi, elle exprime un peu de la mémoire des hommes, ceux qu'aucun de nous n'est encore parvenu à comprendre parce qu'ils sont de l'autre côté du ciel. »

Cependant que ces paroles s'impriment en nous, nous commençons à éprouver la sensation prononcée d'une sorte de vertige, comme si notre conscience allait être attirée ailleurs.

Il nous semble alors que quelque force nous sollicite à l'arrière de notre corps. Elle nous saisit en douceur mais avec insistance, au niveau de notre nuque. Elle est muette et distille une forme de tendresse qui ne fait qu'ajouter à l'étrange sensation de vertige. Tout devient silence… puis, en une fraction de seconde, l'univers du ruisseau et son poisson-maître se dissolvent à nos yeux.

Durant un bref instant, l'image de l'auberge vient à nous traverser, suivie aussitôt de celle de Tomy balançant vivement la queue face à un couple qui le caresse.

162

Un immense tourbillon engloutit bien vite tout cela. Il annihile la moindre résistance de notre part, tout en nous faisant goûter à une plénitude difficilement exprimable. Aucune émotion ne nous étreint... Seul l'amour est présent, sans réserve, sans tache et toute autre chose devient hérésie. Alors, il fait lumière, il fait bleu dans notre ciel intérieur, bleu tout autour de nous, là où une présence commence à pétiller et fait miroiter des paillettes irisées.

Tout d'abord, nous ignorons où nous sommes puis, peu à peu, l'idée d'un fond sous-marin s'impose à nous. Avec les yeux de l'âme chaque élément de notre champ de vision acquiert maintenant une coloration différente. Des formes d'abord fugitives se profilent en dessous de nos êtres. Sont-elles vertes ou mauves, dorées ou couleur de lune ? Peut-être tout cela à la fois car il semble bien qu'elles fourmillent de vie. Ce sont des algues, des rochers... des blocs énormes, impressionnants, parsemés de taches éclatantes évoquant des bouquets de fleurs. Nous sentons que nous pourrions remonter à la surface de l'eau, qu'il nous suffirait de le vouloir en aspirant à retrouver nos corps... Notre volonté est assez forte et nous y songeons un instant face à tant d'inconnu.

Cependant, la force d'amour se fait si insistante que toute envie de fuir se désagrège d'elle-même. Ici, le silence est un état de grâce et la lumière se pare de l'éclat d'une prière.

De temps à autre, nous ressentons la présence d'une ombre, d'un contour imprécis qui tourne autour de nous et nous frôle. Puis, ce sont des bancs de poissons, bien visibles ceux-ci, qui s'offrent à nos regards et se faufilent entre les algues. Ils vont et viennent comme un seul être, tantôt par saccades, tantôt emportés dans un mouvement ondoyant. Plus encore qu'auparavant, nous éprouvons la très nette et troublante sensation que nos corps subtils se sont dissous dans cette immensité aquatique. Nous gardons de nous l'image d'un point minuscule dont la vision s'étend à trois cent soixante degrés... et surtout, il nous semble vivre intensément au cœur d'un être, ou plutôt d'un prodigieux cerveau dont tout est issu.

« Oui, oui, c'est à peu près cela, fait doucement la voix-guide, se rappelant alors à nous. L'eau, les rivières, les mers, les océans, forment un seul et même corps, une conscience unique qui agit telle une matrice. Ainsi que l'éther, elle constitue une plaque sensible de l'univers terrestre. L'histoire de votre monde se trouve condensée en elle. Du petit ruisseau, j'ai voulu vous emmener jusque dans les fonds marins... parce que la mémoire aquatique y est plus vive. Lorsque l'eau renferme le sel, l'iode et cent autres éléments subtils, la conscience y est davantage présente, plus tonique.

Voilà pourquoi tout le peuple animal qui vit dans les eaux des mers acquiert une perception de la vie plus fine, plus dynamique que celui qui évolue en eau douce. Son individualisation s'effectue plus rapidement parce que le monde des émotions prend plus vite place en lui. Il le laboure très tôt. Regardez la multitude des formes et des couleurs que la mer engendre. N'y voyez-vous pas un creuset ? Où finit la plante et où commence l'animal ? Il ne suffit pas d'apposer une appellation scientifique sur telle ou telle espèce pour résoudre cette question. Il faut s'enfoncer dans les profondeurs de la Vie elle-même... là où le mystique prend le pas sur le scientifique, là où le scientifique s'aperçoit que sa science se résume à une leçon d'amour, là où, enfin, toute appellation n'a plus cours.

Vos frères des fonds marins sont d'ores et déjà vos frères des temps à venir. Leurs âmes expérimentent la vie physique par le canal où celle-ci stimule le plus rapidement la naissance des sentiments, de la sensibilité. Ainsi, nombre d'âmes-groupe prennent pleinement conscience d'elles et croissent en ces zones de l'univers matériel. Elles apprennent d'abord leur tâche en guidant les êtres dont le sang est froid et, lorsqu'elles ont elles-mêmes grandi à travers les espèces dont elles avaient la charge... au bout de quelques millions d'années, elles font muter celles-ci jusqu'à ce que leur conscience se déplace et vienne générer des êtres à sang chaud.

Ce que le Souffle de Vie appelle conscience, voyez-vous, c'est-à-dire cette force qui peut éprouver des sentiments, des émotions, entreprendre une réflexion, des actions et porter par la suite un regard sur soi, est présente avec davantage d'intensité dans tous les organismes dont le sang est considéré comme chaud. La chaleur est toujours un signe de l'implantation plus tangible de l'ego, la trace de la marque solaire indispensable à la maturation. Souvenez-vous... Je vous ai rappelé le passage obligatoire de la Vie par le stade égotique. C'est une transition difficile mais nécessaire.

Cette distinction entre le sang froid et le sang chaud est importante. Elle vous permet de comprendre pourquoi certains d'entre vous, qui se disent végétariens, parviennent malgré tout à absorber la chair du poisson. Intuitivement, ils savent que l'ego, donc la conscience de soi, est moins incarnée dans le poisson. Laissez-moi maintenant vous dire que si cette position s'explique et se comprend, elle ne dispense aucunement du respect que l'humain doit à toute forme de vie, même aquatique. En tant que conscience globale reliée à des milliers d'autres consciences collectives, je puis vous dire, amis, que le peuple des eaux souffre comme les autres de l'actuelle présence humaine sur Terre. Même si la conscience individuelle est moins développée en lui, elle y est néanmoins présente, elle observe, elle mémorise des cicatrices et a besoin de votre amour pour vivre.

Imaginez-vous que c'est l'eau et tout l'univers que celle-ci porte en son sein qui va participer majoritairement à la vie de votre espèce dans l'Ere qui s'ouvre aujourd'hui. Le grand calendrier cosmique le veut ainsi. Cela correspond à une loi, juste, bien qu'incompréhensible à votre niveau, qui veut qu'à chaque Ere qui s'ouvre on immole ou on se nourrisse de l'être-symbole de l'Ere précédente. Ceci a toujours eu lieu, soit sur le plan symbolique, soit au niveau concret.

Ainsi donc, soyez bien certains qu'avec cette ultime fin de l'Ere des Poissons débute le temps où les hommes vont ingérer une quantité croissante de nourriture issue des mers.

Etudiez l'histoire de vos peuples, de vos traditions et vous comprendrez mieux. Ce que vous appelez aujourd'hui tauromachie par exemple, n'est autre que le résidu inutile et décadent d'un rituel né à la fin de l'Ere du Taureau, et qui s'est poursuivi durant toute l'époque du Poisson. Il n'a plus lieu d'être car il ne revêt plus la même valeur symbolique que la conscience de certains peuples réclamait en un temps précis de l'humanité.

Lorsque j'évoque tout ceci, ne croyez pas que j'éprouve une douleur pour ce que subit un élément de mon peuple. Je ressens surtout une peine à l'égard de la race humaine car c'est elle qui se blesse en dénaturant un passé révolu et en s'enlisant en lui. Lorsque vos semblables croient verser le sang autour d'eux, c'est d'abord sur eux qu'ils le répandent. C'est par de tels mécanismes et leurs répétitions que vous gravez en vous un certain goût de la souffrance et de la mort. Tournez la page, frères humains ! Toutes les forces de la Création vous le demandent car ce qui s'exclut du flot naturel de la Vie se condamne de lui-même à l'asphyxie. »

Ces paroles de la Présence-guide se sont figées en nous comme un ultime appel... puis le silence s'est mis à nouveau à opérer son œuvre dans nos cœurs. Il distille un parfum d'une douceur absolue, il nous fait goûter à l'inexprimable qui se tient hors du temps, tandis que dans l'immensité diaprée de la mer le souvenir d'une parole vient tournoyer en nous :

« Où finit la plante, où commence l'animal ? » Et devant sa présence insistante, surgit d'elle-même une autre interrogation : « Où finit l'animal et où l'homme commence-t-il ? »

Aucune réponse ne jaillit. Cependant, une ombre – mais est-ce bien une ombre tant *cela* est vivant – nous frôle à nouveau. Nos sens soudainement aiguisés, dilatés, perçoivent quelque chose de souple, une présence discrète, fugitive et néanmoins de plus en plus réelle.

En ces fonds sous-marins pourtant, rien d'autre que des bancs d'algues accrochés à quelques blocs rocheux tourmentés ne paraît se mouvoir. Les colonies de poissons elles-mêmes ont totalement disparu derrière les multiples voiles de la lumière. Peut-être ont-elles fui devant une force qui les dépasse ? Si cela est, cette énergie, nous le jurerions, cherche à entrer en contact avec nous. Elle ressemble à une pensée presque tangible qui nous étudie tout en nous caressant délicatement l'âme.

Enfin, dans la texture même de la lumière, une forme apparaît et se rapproche de nous à grande vitesse. Elle est ondoyante et bleue. Plus bleue et plus pétillante encore que l'eau qui nous accueille. Elle ressemble à un regard ou à un sourire vivant qui fuse dans notre direction, sans un mot.

Un dauphin... ! Nous n'avions pas osé souhaiter une telle présence et voilà qu'elle se propose à nous spontanément...

Avec une souplesse inimaginable, l'être se met à tourner autour de nous, exactement comme s'il percevait nos contours, pourtant immatériels. Dans les mouvements de son corps puissant, seule la joie s'exprime. Celle-ci est partout et génère une sorte de tourbillon communicatif qui emporte tout dans sa plénitude.

Soudain, l'être s'arrête, fait mine de se laisser porter par les eaux et s'immobilise enfin. Nous ignorons dès cet instant si nous sommes en lui ou face à lui. L'œil du dauphin, voilà tout ce qui nous habite. Par son seul éclat, l'animal rit ou chante, nous ne savons... mais sa mystérieuse mélodie réveille dans nos cœurs comme un vieux souvenir, une présence familière qui fredonne...

« Hommes... pourquoi tant de distance ? Pourquoi êtes-vous si proches et si lointains ? Parfois, il nous semble que vous vous sentez pleinement nos frères, que vous nous entendez... Et puis non, vous ne faites que nous écouter... vous ne gardez pas la joie que nous vous offrons, vous ne parvenez pas à vous souvenir. Ouvrez votre mémoire et laissez-moi dès maintenant vous conter notre histoire, le récit de cet antique pacte qui unit notre peuple au vôtre. Ceci est ma tâche. Ecoutez...

Il y a de cela fort longtemps, ce monde commença à être visité par de grands êtres venus des confins de l'univers. Ils habitaient quelques-uns de ces points de lumière si minuscules au firmament, la nuit. Ils venaient sur cette Terre pour y insuffler la Vie, pour l'aider dans son expansion pure et juste, lumineuse et rayonnante. Ne riez pas, ceci n'est pas une fable, mais une réalité à laquelle vous goûterez à nouveau un jour proche.

Ces êtres n'étaient pas faits d'une matière semblable à celle que vous connaissez en ce monde. Elle était une clarté qui parvenait à peine à se densifier au contact du sol terrestre. Les humains de cette planète les virent comme des dieux... et en effet, ils l'étaient en regard d'eux, englués dans une matière pesante et toujours prêts à entamer une guerre pour assouvir leurs moindres désirs. Voyant cela, les êtres venus de la Lumière comprirent alors que leur tâche était de stimuler l'amour et la conscience chez ceux que la Vie les avait amenés à visiter. Pendant de longs millénaires, à de multiples reprises, ils tentèrent donc de leur apporter leur compréhension des choses, une partie de leur savoir... avec plus ou moins de bonheur, plus ou moins de revers. Ceux qu'ils avaient résolu d'aider s'avéraient être, en effet, des rebelles à la Force de Vie. Cependant, l'amour ne connaît pas de limites et la Terre, en ces temps reculés, était si belle... Elle était si belle et il y avait tant à y faire que l'on ne pouvait laisser l'Ombre commencer à s'y installer fermement.

C'est alors que certains des êtres de la Lumière se laissèrent peu à peu prendre au piège de la matière terrestre. Ils résolurent de l'expérimenter plus pleinement. Ainsi, redécouvrirent-ils petit à petit ce que sont le pouvoir et certains appétits physiques débridés. Certes, leur cœur

demeurait pur et leur volonté d'aider toujours aussi inébranlable, mais une partie d'eux s'était souillée...

En venant visiter la Terre, au fil des âges, ils avaient
tenté d'y implanter des espèces végétales nouvelles, puis
des animaux. Leur but était de parfaire l'évolution de
ceux-ci, d'activer en eux le Souffle afin d'accompagner la
Nature dans sa tâche... C'est ce qui est demandé à toute
conscience lorsqu'elle s'approche de l'Esprit.

Lorsqu'ils s'aperçurent qu'ils s'étaient laissé prendre
au piège de la Terre, les hommes de la Lumière comprirent qu'ils n'en sortiraient plus avant longtemps. Ils étaient
devenus, plus pleinement qu'ils ne le croyaient, des fils de
ce monde...

C'est alors que l'Esprit de Vie leur donna la possibilité
d'aider les humains et leur Terre en ne demeurant plus
totalement parmi eux. Il fallait pour cela que leurs âmes
viennent habiter les corps d'une espèce de ces animaux
qu'ils avaient implantée dans les mers terrestres.

Oh, ne croyez pas qu'une Force les obligeait à faire
cela. C'est eux-mêmes qui se l'imposèrent, voyant dans
cette opportunité un moyen de retrouver une simplicité,
une naïveté et une spontanéité qui s'étaient émoussées en
eux. Ainsi pourraient-ils continuer à servir l'homme et sa
planète tout en se purifiant eux-mêmes.

Je suis l'un de ceux-là, frères humains et c'est pour
cette raison qu'avec tous ceux de mon espèce, de vie en
vie, je tente d'entretenir le sceau de l'amitié entre nos
deux peuples. La joie et la candeur sont nos ambassadrices.
Ce sont les forces que notre esprit essaie de vous communiquer, de vous faire redécouvrir... car ce lieu d'où nous
venons, cet état de l'être profond, nous y retournerons
ensemble. Notre conscience participera au fait de vous y
conduire.

Voilà notre histoire, frères humains. Voilà pourquoi nous ne sommes pas animaux au sens où vous l'entendez. Voilà pourquoi, aussi, quelque chose vous fascine en nous.

Certes, de l'animal, nous possédons cette puérilité et cette confiance aveugle qui nous font tomber dans vos pièges. L'intelligence que nous avons développée et les facultés auxquelles nous avons accès ne vont pas tout à fait dans la même direction que celles choisies par la majorité de vos semblables. Nos corps nous limitent... Mais la Force de Vie appelle-t-elle cela défaut ou imperfection ? Seuls comptent pour nous bonheur et harmonie. Notre rêve est de vous les communiquer et nous y parviendrons à notre façon... en partageant avec vous une certaine coupe.

Regardez maintenant en dessous de vous, sur le sable et parmi les algues de cette mer. Vous voyez des reliefs, des pierres énormes et informes. Ce sont les débris de ce qui fut autrefois de riches demeures humaines. Elles datent d'un temps, proche encore, où notre histoire vous était connue et où vous acceptiez notre collaboration. Par le langage de l'âme, vous parveniez à recueillir en nous des données qui vous faisaient progresser. Vous aviez fait de nous vos amis, vos complices, au même titre que d'autres frères animaux vous accompagnent quotidiennement aujourd'hui. Et puis, une fois de plus vous avez chuté, par orgueil. Lorsque le Souffle divin qui sommeille en l'homme n'est pas assez rayonnant pour clamer sans ambigüité sa divinité, les barreaux de sa cage se renforcent souvent.

Les vestiges que vous voyez ici et qui sont dévorés par les eaux sont contemporains de cette Atlantide que vous avez réduite à l'état de mythe. Notre peuple sait fort bien que quelques-uns de ces rochers ou de ces pierres dont on entrevoit encore parfois la taille sont prêts à ressurgir par endroits. La Terre-mère va vous les retourner afin que vous commenciez à vous souvenir, sans possibilité de nier. Il faut que les certitudes de ceux qui tiennent l'ordre de votre monde, s'ébranlent, voyez-vous. L'orgueil de ceux qui fabriquent les opinions de vos frères humains s'apprête d'ores et déjà à être secoué sur ses bases.

Quelques-uns d'entre nous, dans les profondeurs marines, connaissent mieux votre Terre que vous ne sauriez l'imaginer. En vérité, l'univers des océans est mille fois plus riche que vous n'osez même le supposer. Il est une galaxie dans laquelle certains de mon peuple voyagent en conscience. Le fond des océans de cette Terre est analogue à la voûte céleste. Il abrite une supra-intelligence. Une forme de vie tout amour, dont vous n'avez pas la moindre idée. C'est une intelligence, une présence proche de nos cœurs et dont les étoiles sont les relais.

Il y a de la Lumière sur cette Terre. C'est tout ce que je puis vous dire... Et si l'Ombre s'y déchaîne aujourd'hui, en vos cœurs et hors de vos cœurs, c'est afin que son éclat en devienne plus évident, plus rédempteur lorsque le jour en sera venu.

Oui, les mers sont à l'image des cieux, frères humains. Elles vont vous renvoyer votre image, vous reconnecter à vos origines. Lorsque des séismes feront surgir de nouvelles îles et que des bandes de terres seront à nouveau recouvertes par les eaux, voyez cela comme un clin d'œil de votre passé.

Notre mère et sœur la Terre a fait vœu de nous porter tous jusqu'au point ultime où nos consciences pourront voler de leurs propres ailes. Elle sait ce qui est bon. Il faut donc accepter qu'elle secoue de temps en temps son échine et nous prodigue ainsi ses leçons. »

Sur ces mots, très très lentement, la conscience du dauphin s'extrait de la nôtre, semblable à une douce étreinte qui se relâche. La sensation de plénitude qu'elle avait instillée en nous persiste pourtant. Elle s'attarde dans notre cœur et dans un silence au parfum différent des autres. Nous voudrions tant articuler quelque pensée au-dedans de nous... Hélas rien ne vient...

En cet instant sacré, nous nous sentons comme des humains privilégiés, certes, mais aussi tellement démunis. Seul un flot de tendresse incœrcible parvient à traduire ce que nous éprouvons. Alors, peut-être pour y répondre, peut-être pour nous adresser un ultime salut, au cœur irisé de la lumière, une étrange ronde se dessine autour de nous. C'est celle d'un groupe de dauphins venus nous ne savons d'où et qui tourne, tourne autour de nos âmes à n'en plus finir. Il ondule et fend les eaux dans une incroyable frénésie, il lance vers nous de petits cris fascinants... puis soudain, plus rien... Rien d'autre qu'un tourbillon qui nous emporte, nous arrache en silence et dans une sorte d'ataraxie à l'immensité aquatique.

La mer et ses vagues sont déjà en dessous de nous, à peine éclairées par les reflets d'une lune pâle. Tout défile très vite, presque hors du temps... Une minuscule plage et des récifs apparaissent puis des silhouettes d'arbres, quelques phares de véhicules et toujours, toujours le souvenir, la présence de l'eau qui bat en nous.

Déjà nous sommes de retour auprès du petit ruisseau, de l'auberge et de sa vieille arcade de pierre où attendait jadis une jument.

Sous un lampadaire, Tomy est encore là. Il balance la queue et tend le cou aux caresses répétées d'un couple et d'une adolescente. Instant d'émotion simple et mille fois vécu...

« Tu vois, maman… s'écrie la toute jeune fille en se tournant vers sa mère qui déjà s'en est allée, c'est un chien comme ça que je voudrais…! »

Chapitre VIII

La colonie des rats

Ce matin, le lieu qui a appelé nos êtres sert de place à un petit marché. C'est le cœur d'une bourgade située sur les bords de la Méditerranée. Bien vite, au-dessus de l'enchevêtrement des toits et de leurs tuiles arrondies, nous devinons la présence d'un minuscule port. Le vent fait claquer les cordages de quelques mâts qui se dressent dans l'azur, évoquant à sa façon le large, le bleu et l'horizon. C'est par là que nous aimerions diriger notre avance puis aussi vers les silhouettes des palmiers qui se profilent au bout d'une ruelle. Quelque chose pourtant, une forme d'intuition, nous dit de ne pas bouger d'ici, de cette sorte de poste d'observation que nos âmes ont choisi vers le sommet d'un platane.

En dessous de nous, ruisselants de couleurs, ce sont les étals du marché, la foule nonchalante des acheteurs, paniers à la main, et la voix tonitruante d'un vendeur qui loue les mérites de ses olives.

Même s'il demeure encore timide, le soleil est au rendez-vous et c'est bien lui qui s'affirme comme le chef d'orchestre de cette scène cent mille fois interprétée. Sa joie, son labeur paraissent inscrits jusque dans les pierres des façades et les peintures écaillées des persiennes.

Quelque part, parmi les étals d'un angle de la place, des plumes volent dans la clarté de ses rayons... Nous devinons quelques cages et leurs poules entassées sans ménagement. Et puis, non loin de nous, il y a deux chats sur leur balcon. Impassibles, les yeux mi-clos, ils observent tout cela, la queue soigneusement enroulée autour des pattes. Côte à côte, comparables à des sphinx, ils donnent l'impression de dominer de leur connaissance tout ce petit monde qui s'agite et crie. Qu'est-ce qui pourrait bien troubler les contemplations d'un chat ? Peut-être une tourterelle qui roucoule sur le bord d'un toit... Peut-être... car il y en a une ici qui, agrippée à une gouttière, paraît faire les cent pas comme si elle attendait impatiemment quelque chose.

« Mais, elle attend son compagnon, tout simplement ! »

L'apparition de la voix désormais si familière nous fait sourire. Elle est l'évidence même, claire, rassurante, aimante. Amusée par cette sorte de naïveté que nous avons envie de vivre dans l'instant, elle reprend...

« Et pourquoi pas ? Mes frères humains pensent-ils être les seuls au monde à savoir manifester de la persistance dans leurs sentiments ? Je dis bien *dans leurs sentiments*, voyez-vous, car innombrables sont ceux de mon peuple qui éprouvent ce que savent éprouver dans leurs cœurs, les hommes. L'attachement, l'amour, tout cela n'est pas réservé à vos semblables. La fidélité, la parole donnée, le don de soi sont des réalités qui ne nous sont pas étrangères. Cela vous surprend, n'est-ce pas ? »

Impossible, en effet, de dissimuler notre étonnement. Notre raisonnement humain met aussitôt en place des arguments.

« …Mais, frère, nous entendons-nous murmurer, hormis quelques cas connus, il ne nous semble pourtant pas que la monogamie soit si courante dans ton peuple. Quant aux sentiments, nous n'avons jamais douté que le peuple des animaux puisse en éprouver. Nous nous interrogeons seulement parfois sur la similitude entre ceux dont il est capable et ceux que les hommes vivent. »

« Comprenez-nous… nos concepts sont autres, cela est vrai. Notre vision de la vie, de l'univers, peut radicalement différer de la vôtre, cela est juste aussi puisque notre approche de l'espace, du temps et de cent autres choses se démarque de ce que vous connaissez.

Néanmoins… un sentiment demeure un sentiment. L'amour reste toujours l'amour et l'indifférence évoque toujours la même chose, dans quelque monde que ce soit. Sans doute y a-t-il des degrés dans la révélation, la manifestation d'un sentiment, mais la racine de celui-ci, sa flamme, reste identique à elle-même quel que soit l'univers. Il y a, à ce propos, des niveaux de manifestation différents chez les miens, tout comme chez les vôtres. Dites bien à vos semblables que l'amour animal est aussi vrai, aussi noble que l'amour humain. Peut-être même est-il souvent plus authentique en ce qu'il est absolu, en ce qu'il est cousin de la dévotion, en ce qu'il est parfaitement don, sans malice, sans calcul.

Jamais il ne ressemble à vos "je t'aime si tu m'aimes". »

Un instant la voix-guide suspend son enseignement, nous laissant seuls face au petit marché, aux chats impassibles et à la tourterelle dont les chants ont enfin attiré le compagnon. A grands coups d'ailes, les deux oiseaux quittent les rebords du toit, s'élèvent puis disparaissent derrière le vieux clocher de l'église voisine.

« Mais, la fidélité, la constance, lançons-nous immédiatement comme pour entamer une petite joute oratoire, tout cela n'est-il pas, pour vous, intimement relié à l'amour ? »

« Chez la plupart de ceux de mon peuple, mes amis, le sentiment d'amour n'est pas directement relié à l'acte physique. Il en est même souvent totalement dissocié. L'acte demeure, pour une majorité d'entre nous, ce que l'Esprit de Vie imprime afin de perpétuer les corps dont nous avons besoin pour parfaire notre âme. Sans doute trouvez-vous cela bestial ou primaire mais, pour nous, cela correspond à une logique élémentaire qui n'a rien de répréhensible. Je sais que cela tient d'un rapport entre l'âme et le corps qui est très différent chez nos deux peuples. Nous avons *raison* les uns et les autres, là où nous nous trouvons. Nos civilisations respectives ne nous ont pas appris cela par hasard. Elles nous ont inculqué ce qui est bon pour la floraison de notre conscience. L'univers est amoral, voyez-vous. Seule la notion de morale est humaine et encore varie-t-elle d'une contrée à l'autre, d'une époque à l'autre. L'univers ne connaît que la nécessité lumineuse de grandir. Celle qui se situe au-delà même du Bien et du Mal. Celle qui est *le* Juste à l'état pur parce qu'avant tout génératrice de Félicité.

Les humains prêtent aisément à la Divinité des traits humanoïdes... Quant à moi et à mes semblables, si nous faisions l'effort d'y songer, nous la ressentirions volontiers sous l'aspect d'un animal. Pourtant, elle n'est rien de tout cela. Ni les uns ni les autres nous ne sommes dans la

178

vérité absolue. Le Vrai rayonne au-delà de ces conceptions... nous n'y avons pas encore accès... nous tentons seulement de le deviner... et c'est parce que votre conscience mentale s'éloigne du jeu qu'est la Devinette Suprême que votre être se tourmente en s'inventant des questions. N'est-ce pas ainsi que naissent vos dogmes ? On a besoin de règlements dès que l'on commence à marcher loin des Lois.

Ainsi, la fidélité, le don de soi, sont pour mon peuple une affaire d'âme. Elles ne concernent que l'âme et cela est juste pour nous car nos civilisations ne connaissent pas d'interdits en rapport avec le corps physique. Les interdits, voyez-vous, commencent à naître lorsque l'être prend conscience de lui en tant qu'individu isolé des autres et de la Création. Ils témoignent d'une phase nécessaire et obligatoire qui s'effacera néanmoins un jour pour laisser place à une merveilleuse logique dont nul n'a idée, aussi lumineuse qu'un soleil. »

« Pourtant, certains d'entre vous vivent en couple d'un bout à l'autre de leur existence ! »

« En effet, et cela confirme bien mon propos. Chez les miens, comme chez les vôtres, il existe une multitude de niveaux de conscience. Toutes les formes du sentiment d'amour nous visitent et aucune ne nous étonne. Nous ne pouvons pas imaginer qu'il en soit autrement. Mon peuple ignore la perversité et c'est cela qui le maintient dans sa pureté. Son âme ne s'est pas encore heurtée aux obstacles des élaborations mentales propres à l'humanité. Jusqu'au jour où elle devient par trop humaine à force de vivre en contact intime avec les vôtres, elle est l'authenticité même, sans la moindre faille. »

Sur ces mots, la voix-guide s'interrompt brutalement, nous laissant face à une foule de questions qui se bousculent dans nos esprits… et aussi au spectacle des plumes qui volent à nouveau à l'autre bout de la place.

Cette fois, une voix humaine, tonitruante, s'élève dans les airs avec le duvet blanc. Aussitôt, les yeux de notre âme s'enfoncent dans la foule des badauds et propulsent notre être parmi les échoppes ambulantes, là où un homme crie encore et où des poules caquètent.

Entre les jambes des promeneurs, une petite silhouette velue se faufile, penaude. A la seconde même, nous l'avons reconnue, c'est celle de Tomy. Tomy qui se sauve après avoir, peut-être, commis quelque bêtise et qui s'empresse de quitter le marché sous les exclamations des commerçants.

« Il est encore là, celui-là ! »

Sur le trottoir, non loin de là, une dame au manteau rouge et sa fille observent la scène.

« Regarde maman, ce n'est pas le chien de l'autre soir ? »

L'adolescente, toute frêle comme un grand échassier, a lâché ces mots dans un état d'émotivité qui ne trompe pas. Son intonation a réveillé en nous le souvenir encore frais d'une auberge et de son ruisseau, un certain soir.

Derrière elle, une mercière, sur le pas de sa porte, l'air un peu bourru, profite de l'occasion pour saisir la parole.

« Oh, ça fait bien huit jours qu'il traîne ici. Il nous renverse toutes les poubelles… »

Abandonnant alors sa mère qui entre en conversation avec la commerçante, la toute jeune fille avance en direction de Tomy qui disparaît à l'angle d'une ruelle.

Perçu avec le regard de l'âme, ce qui s'échappe d'elle tient déjà tout un discours. Une force silencieuse mais combien rayonnante jaillit du creux de sa poitrine. C'est un faisceau de lumière bleue, mêlée de rose qui se déploie telle une gerbe de fleurs et qui propulse tout son être au devant de sa personne.

Et si c'était elle que Tomy attendait et dont le regard, gravé au fond de lui, a su diriger les pas jusqu'ici ? Cette idée prend racine en nous et l'envie soudaine d'être là, dans nos corps physiques, nous tenaille maintenant. Le seul fait d'observer, de tenter de comprendre ne nous satisfait plus. Il nous faudrait agir, ralentir l'avance de Tomy.

Presque instantanément, nos âmes ont retrouvé le jeune chien derrière l'église au milieu d'une ruelle baignée de soleil. L'allure désabusée, il flaire le sol tout en trottant d'un bon pas. Son poil est terne et nous savons qu'il a faim, comme si nous étions lui, comme si sa fatigue devenait nôtre. En une fraction de seconde, la totalité de son univers nous redevient familière, sa compréhension monte en nous avec une acuité formidable.

Avec lui, en lui ? Comment faut-il dire car il nous semble voir par ses yeux, entendre par ses oreilles ? Nous vivons alors un singulier équilibre entre désarroi et confiance. Le monde des hommes nous paraît être définitivement devenu illogique, impénétrable et froid... et pourtant...

Pourtant quelque chose *nous* dit de nous arrêter, de *nous* retourner et de revenir là-bas vers le bout de la rue... peut-être là même où on *nous* a chassés. Mais non... il y a déjà tant de jours que *nous* arpentons ces rues. Il faut manger. Chaque minute doit être consacrée à cela. *Nous* connaissons là-bas, derrière une palissade, un endroit avec de l'herbe où les hommes abandonnent tout un tas de choses. Sait-on jamais ? La dernière fois... La voilà...

Et tandis que la palissade de ciment apparaît dans notre champ de vision, notre conscience, brutalement, se désolidarise de celle de Tomy ; elle n'en est plus, une nouvelle fois, que la spectatrice, émue mais étrangère.

Tomy avait raison. Dans un minuscule terrain vague, à l'ombre d'un immeuble de béton, parmi les herbes sèches, deux ou trois grandes poubelles grises sont entreposées, gorgées de détritus, de cartons. A leur base, sur le sol lui-même, des sacs plastique, la plupart éventrés, semblent attendre pitoyablement les services de la voirie. Sans attendre, Tomy y fourre le museau, persuadé d'y découvrir quelque délice mystérieusement oublié par l'homme. Désordonnées, des pensées, des images, s'échappent de lui...

Il y a ce pied humain et ce pantalon trop sombre qui reviennent sans cesse... Sans doute ceux de l'homme qui l'a chassé, près des poules tout à l'heure. Pourquoi ? Il voulait juste leur demander... Et puis, il y a ce regard qui le hante. Il est doux et toujours il revient en lui avec le contour d'une maison dont la façade est blanche.

Un seul mot jaillit de Tomy fouillant les papiers gras et froissés. Nous le saisissons au vol. Il ressemble à un soupir qui crie... "fatigue !"

Soudain, le jeune chien fait un bond sur le côté et s'immobilise, une patte avant à demi levée. Au ras du sol, une masse grisâtre a jailli de derrière les roues de la poubelle et l'observe, à moitié dressée sur le train arrière. Un rat ! Tout se fige, les deux animaux se toisent... puis la petite boule sombre à la queue charnue s'enfonce dans les herbes sèches au pied des sacs.

« Suivez-le ! C'est lui qu'il vous faut suivre... »

La demande est montée en nous, insistante. Tout d'abord tiraillés entre la curiosité et le désir ardent de demeurer auprès de Tomy, nos deux êtres hésitent puis cèdent. Ils cèdent à cette sorte de raison qui leur demande d'aller plus loin et de s'enfoncer davantage au sein d'un univers qui veut s'ouvrir parce qu'il a besoin d'être aimé.

Nos consciences, dont nous sentons qu'elles sont unies en une sphère de lumière, entreprennent alors un étonnant voyage au ras du sol, entre détritus, broussailles et gravats. D'instinct, il nous semble connaître l'itinéraire que le petit animal a dû emprunter et qui nous plonge dans un monde insoupçonné. Face à notre âme, tout a pris une taille démesurée : les cailloux du sol paraissent être d'énormes pierres, les herbes mortes, de véritables branches, jusqu'à l'insecte que nous croisons, avec sa carapace rouge tachetée de noir et qui nous fait songer à un gros automate déconcertant.

Une bouffée d'amour nous envahit avant même que nous ayons eu le temps de réaliser ce qui arrive. Les replis de la terre elle-même, ce que nous foulons quotidiennement du pied, nous révèlent une vie et une étrangeté d'une beauté telle que nous comprenons le pourquoi de la demande impérative à laquelle nous avons cédé.

« Cela aussi, c'est le monde de vos frères animaux, murmure la voix-guide qui s'immisce une fois de plus en nous. Avez-vous jamais songé à regarder à la loupe quelques centimètres carrés d'herbe et de terre ? Ce que vous vivez en cet instant équivaut à cela. Vous découvrez une jungle, une savane, un désert, l'immensité d'un continent où d'autres frères, inconnus de vous, apprennent la vie. Vous ne les voyez pas, vous les ignorez... ou vous préférez les ignorer, c'est tellement plus commode... pourtant ils sont les germes des univers à venir, à la fois un peu et totalement cette Divinité par et pour laquelle vous dites vivre. La Terre est un gigantesque temple, frères humains, et il n'y a pas une seule de ses dimensions qui ne soit chargée de vie et de promesses, pas une seule de ses demeures qui ne demande de la tendresse.

Cet insecte rouge que votre âme vient de croiser, croyez-vous qu'il soit anodin ? Certes, il ne vous dira pas "je" ou "moi" comme le ferait Tomy, mais la Conscience dont il est l'une des innombrables expressions peut, quant à elle, souffrir et grandir et aimer et offrir. Ne l'oubliez jamais, le ridiculement petit, aux yeux des hommes, est tout aussi chargé d'espérance et de splendeur que l'extra-ordinairement grand. Sans doute cette constatation ressemblera-t-elle à une banalité pour ceux qui découvriront mes paroles... mais parfois il est bon qu'une banalité soit parée d'un habit lumineux car le vrai miracle de la Vie, celui qui nous apprend à fleurir, est si souvent à portée de main qu'on ne le cueille jamais.

Mais, continuez, continuez, laissez vos êtres subtils suivre un invisible fil au travers de cette forêt de résidus. Détachez-vous un instant de Tomy, car autre chose vous appelle. »

Les herbes et les broussailles, les papiers abandonnés défilent en effet sous nous et autour de nous à une vitesse accrue, échappant à notre volonté, exigeant de nous une confiance plus totale encore.

Puis, brusquement, plus rien d'autre qu'une étendue couleur de cendre, sèche, chaude mais comme privée de vie... Un trottoir... puis un trou, presque un ravin, le caniveau.

Le rat se trouve là, devant nous. Il nous tourne le dos tout en trottinant, la queue bien musclée, bien horizontale et frôlant le sol. Voilà maintenant qu'il disparaît, absorbé, semble-t-il, par la terre elle-même en un centième de seconde, comme s'il n'avait jamais existé. A quelque distance de nos deux âmes qui observent et ressentent, il y a désormais un trou sombre, un gouffre dans le caniveau de ciment.

« Oui, les égouts... fait la voix en nous. Tout un peuple y vit qui ne doit pas vous effrayer. Il fait partie intégrante de cette vie qui demande à être respectée. Défaites-vous des vieilles images, de ces antiques schémas qui véhiculent la méfiance, la peur, la répulsion et avancez... Je vous le demande, je vous en prie au nom de tous vos frères méprisés. »

Dans un ultime abandon des résistances, nos êtres subtils se laissent alors glisser dans ce qui ressemble aux entrailles du caniveau, prêts à affronter une nuit soudaine, glauque, à éprouver enfin certainement, une pénible sensation d'étouffement.

Pourtant rien de tout cela n'arrive. Derrière et devant nous, seul apparaît un gros tunnel de ciment, garni çà et là de détritus et où un mince filet d'eau s'agite à peine. Ici aussi, la lumière du monde de l'âme trouve sa place et brille de la même vie que partout ailleurs.[1]

Le rat est toujours là, pataugeant dans l'eau presque stagnante. Sait-il que quelque chose se passe, qu'il est observé ? Il nous est impossible de le dire, tant nos êtres expérimentent une sorte de vide intérieur, un *blanc de l'âme*. Face à une situation aussi déconcertante, nous vivons une véritable apnée intérieure dont il nous faut sortir afin que tout devienne possible.

---

1 - En état de décorporation, la conscience expérimente une qualité de lumière bien spécifique. Elle y apprend que l'obscurité n'existe pas pour elle puisqu'elle se déplace sur une « autre fréquence de vie ». Les seuls états d'obscurité que puisse vivre un corps astral sont créés par un état intérieur de trouble, de peur, de doute ou de négation de la Lumière elle-même. Ceux-ci sont toujours passagers (voir Terre d'Emeraude).

Sans attendre, la masse grise du rat nous y aide en faisant soudainement un bond puis en se mettant à trotter à vive allure comme si elle se sentait poursuivie.

Commence alors une course un peu folle à travers ce qui ressemble à un dédale de canalisations plus ou moins obturées, plus ou moins suintantes. Un dégoût s'empare de nous un instant, qu'il nous faut surmonter bien vite de crainte d'être rappelés par nos corps de chair. Et puis il y a toujours cet animal, si rapide, si vif, qui nous attire, nous aimante presque. De petites haltes en petites haltes nous avons maintenant la sensation d'être emmenés bien loin de Tomy et de la ruelle de derrière l'église. Le soleil lui-même est un souvenir qui s'enfuit de plus en plus. Dans notre avance, nous découvrons à main droite, une sorte de cascade poisseuse puis un tunnel plus large d'où l'on entend les bruits du *monde d'en haut*, des ronronnements de moteurs et des sons de klaxons étouffés.

Enfin, dans une courbe, un amas de pierres et de terre, ruisselant, vient à apparaître. Le rat s'y arrête, se perche à son sommet... et c'est alors que dans l'étrange clarté surgissent une à une d'autres formes grouillantes... toute une famille de rats !

Si nous avions une destination, c'est incontestablement celle-ci, nous en sommes désormais certains.

Les petits cris frénétiques de la colonie résonnent avec force dans ces lieux. Progressivement, tout en cherchant à mieux nous centrer dans un tel univers, nous nous efforçons de nous imprégner des vibrations qui s'en dégagent. C'est par elles, nous semble-t-il, qu'il nous sera peut-être possible de pénétrer un monde dont nous ignorons tout. Confrontés au mutisme de la Présence qui nous guide depuis maintenant plusieurs mois, nous nous résolvons à

attendre, à laisser passer les minutes afin de nous familia-
riser plus totalement avec les sons émis par les rats. Très
rapidement alors, il nous paraît évident qu'il s'agit d'un
véritable langage, d'une communication élaborée. Notre
conscience qui s'expanse de plus en plus à ce contact, nous
en donne l'intime conviction, même si elle demeure encore
incapable de saisir ce qui est échangé entre les animaux.
Combien faut-il de temps pour qu'une écoute devienne
méditation... ? Le temps d'aimer sans simulacre, sans
doute... car peu à peu l'idée de l'observation nous abandonne et laisse place à un simple et véridique élan du
cœur. La clé est bien là, guère plus éloignée, guère plus
difficile à saisir lorsque l'on met tout en œuvre pour que
s'effritent les a priori.

Un petit déclic, un claquement sec, comparable à celui
que fait un interrupteur, se fait entendre au centre de notre
être.

« Approchez-vous, amis humains... ne craignez rien et
écoutez-moi puisqu'il m'est permis de parler de mon
peuple. Je suis la conscience qui anime la colonie de tous
les rats de ce lieu. Je vous ai amenés ici sur l'appel d'une
autre conscience propre à ma race et qui me guide lorsqu'il en est besoin... Car notre peuple est ainsi, la pensée,
la connaissance qui nous font agir voyagent de relais en
relais. Le relais qui vous a permis de venir dans cette zone
obscure de la terre, tient dans le corps de ce rat que vous
avez osé suivre. Il vous appelait. A travers lui, je suis un
flambeau pour le peuple que j'enseigne, le porte-parole
d'une conscience encore supérieure à la mienne et qui
s'étend sur d'immenses territoires... et je sais encore,
amis humains, que cette conscience elle-même en traduit
une autre infiniment plus vaste... Je vous l'ai dit, notre

peuple est ainsi... Il expérimente une pensée qui se structure et un corps qui s'organise. La Vie apprend cette leçon à travers nous. Elle a besoin de croître et d'inventer. »

Tandis que ces phrases se déversent dans notre esprit et s'y gravent, un mot surgit au plus profond de nous-mêmes... "hiérarchie".

« Hiérarchie... c'est cela, reprend la présence animale du rat. J'ai lu ce mot en vous et je vois comme il sonne juste. Mon peuple apprend le sens de la hiérarchie. Il vit sur cette Terre pour structurer sa conscience, sa réflexion. »

« Son mental ? »

« Vous pouvez l'appeler ainsi. Je sais fort bien que mon peuple n'inspire au vôtre que de la répulsion, pourtant vous devez comprendre qu'il est beaucoup plus proche de vous que vous ne le supposez. Sa présence sur cette Terre lui permettra de développer une intelligence analytique et d'organiser une civilisation très... hiérarchisée, ainsi que vous l'avez senti.

Le désordre de notre vie n'est qu'apparent. Il résulte d'une activité intense qui est due quant à elle à un besoin d'échange constant. En fait, communiquer est la raison majeure de notre vie. Nous ne pouvons concevoir notre existence quotidienne autrement qu'en faisant circuler des informations entre nous. »

« Mais quelles informations ? »

« Une multitude d'informations. La plupart proviennent du monde des hommes. Nous les comprenons rarement. Elles nous traversent comme des éclairs ou des images. La plupart sont chargées de peurs, d'angoisses, de colère, mais aussi fort heureusement, il en est de joie, de volonté, d'amour. Il nous semble que nous les absorbons, que nous les unifions et que ce sont elles qui nous rassemblent surtout là où les hommes sont nombreux et souffrent. La nourriture n'est qu'un moteur second pour nous... ce qui nous attire, ce sont les idées des hommes. Elles sont une énergie... comme des lumières multicolores qui nous fascinent et qui nous donnent une partie de notre intelligence.

Elles viennent nous visiter en permanence et chacun de nous éprouve le besoin de les communiquer à son tour. C'est pour cela que nous vous ressemblons, que nous sommes proches de vous, que peut-être aussi, vous nous craignez souvent. Je sais qu'il y a quelque chose d'insaisissable en nous... et que ce quelque chose vient de vous. Ce qu'il nous faut apprendre, ce que j'enseigne moi-même à mon peuple, en ces lieux... c'est à fixer notre pensée sur une chose précise, l'empêcher de capter mille informations à la fois pour s'immobiliser progressivement sur chacune d'elles. Il nous faut aller au-delà du vacarme intérieur qui nous assaille et transformer... transformer. Je crois que nous sommes malades... comme vous... notre conscience est le miroir de la vôtre. Aidons-nous, amis... »

Semblable à une flamme qui s'éteint, la voix disparaît au-dedans de nous. Elle nous laisse bientôt seuls, un peu insatisfaits, face à une vingtaine de rats qui lancent de petits cris stridents et donnent l'impression de se chamailler autour d'un horrible bout de chiffon.

Nous nous interrogeons. Est-ce tout ? Sommes-nous venus ici pour recueillir un discours dont beaucoup d'éléments nous échappent ? Tout cela est confus, et malgré une volonté d'aimer que nous sentons toujours présente en nous, malgré ce respect qui nous habite face à une civilisation ô combien déroutante, notre âme éprouve un profond besoin de respirer différemment, de contacter un soleil plus proche du sien.

« Mais, il n'y a qu'un seul immense Soleil, vous le savez bien ! s'exclame la Présence-guide en se faufilant au centre de notre être. Laissez-moi vous expliquer.

Il est très difficile pour le peuple des rats de s'exprimer plus clairement que par les termes que vous avez pu recueillir ici. Ce peuple, même si cela vous trouble, est par de nombreux côtés le double du vôtre. C'est un peuple mental, fortement psychique aussi. Traversé constamment par de multiples influences, il souffre de ne pouvoir aisément fixer sa conscience sur des réflexions précises. Il ne parvient pas dans son ensemble à immobiliser son être intérieur autour d'un concept stable. C'est ainsi qu'il est pris dans une ronde continuelle très analogue à celle que connaissent vos sociétés. Songez-y, frères humains, combien d'entre vous sur cette Terre, sont-ils capables de faire silence en eux et d'analyser clairement les idées qui les visitent, les situations qu'ils vivent, tout cela afin de maîtriser l'instant présent et leur destinée ?

Vos frères les rats sont le reflet de votre agitation mentale. Ils captent tous les désordres, toutes les pulsions qui vous assaillent quotidiennement. Ils captent aussi, fort heureusement, ce qu'il y a de meilleur en vous. Ainsi donc, ils bâtissent leur civilisation sur les ondes subtiles générées par la vôtre. Ce faisant, ils équilibrent votre monde à leur façon, voyez-vous. Oh, ils ne le font pas consciemment car c'est en partie le rôle qui leur a été assigné pendant un temps par l'Esprit de Vie. Ils agissent ainsi parce qu'ils sont ainsi, selon une spécificité dont l'Intelligence Ultime les a dotés. Leur tâche est donc d'assimiler les ondes psychiques humaines et en quelque sorte de les digérer, de tenter d'en désamorcer la toxicité. La conscience globale qui les anime joue exactement le rôle d'un filtre, d'un purificateur ou d'un éboueur si vous préférez. En fait, elle essaie d'amoindrir les ondes nocives issues de la pensée de l'homme et, ce faisant, elle les étudie, en assimile les leçons, se structure afin d'élaborer déjà l'humanité à venir dont elle sera l'un des éléments moteurs.

La conscience des rats, voyez-vous, est équilibrante par rapport au monde pulsionnel humain et à l'univers mental inférieur. Là où vos frères les rats se regroupent spontanément, ou aimeraient se regrouper, règne généralement un grand désordre intérieur chez vos semblables, un désarroi.

L'insalubrité que l'on incrimine toujours, demeure une cause de surface. Elle est le reflet exact d'une autre pollution, moins palpable, une forme d'angoisse. En réalité, la pauvreté matérielle ne suffit pas à la générer seule. C'est l'abandon par le cœur d'un grand principe de vie, qui permet son implantation. Elle est le fruit d'une perte de l'espoir. Ne croyez pas, amis, que le peuple des rats se complaise là où règne la saleté, pas davantage d'ailleurs que le peuple des porcs. L'un et l'autre sont revêtus d'une fonction qui ne les prive d'aucune noblesse. Ils sont des éboueurs, des fossoyeurs de vos déchets, à tous les niveaux de la vie. En étant les filtres de vos imperfections, ils sèment des graines pour les mondes à venir.

... Et s'il leur arrive de générer des maladies, sachez que celles-ci sont vos propres maladies. Les épidémies déclenchées parfois par vos frères rats ne sont rien d'autre que la matérialisation de vos déchets psychiques, de vos insuffisances, tout cela collecté au niveau planétaire. Les rats sont une voie, un canal de plus par lequel la Nature vous enseigne... Comprenez-vous ? Saurez-vous les aimer pour cela ? Il ne peut y avoir de parias dans l'immensité de la Vie ! A celui qui ne peut admettre une telle vérité, il manque un pétale majeur à cette rose dont il dit se parer le cœur. Vous ne pouvez affirmer "les animaux sont nos frères, je les aime" et continuer à mépriser le serpent qui traverse le chemin devant vous ou encore commander un homard au restaurant tout en sachant qu'il sera plongé dans l'eau bouillante dans la minute qui suit... L'Amour est un tout qui se vit, pas un concept philosophique que l'on arrange à sa guise.

Voilà pourquoi je voulais vous faire voyager dans ces égouts. Pour qu'avec vous, un grand nombre d'hommes et de femmes prenne conscience que la vie y est également présente. Une vie qui a ses droits et qui se respecte... que l'on peut canaliser, bien sûr, mais qui a ses raisons d'être, au même titre que celle qui anime deux tourterelles sur le bord d'un toit ou deux chats sur un balcon.

Laissez-moi maintenant vous dire quelque chose de capital... »

« Par rapport aux rats et à tous les animaux que l'on rejette d'emblée ? »

« Par rapport aux rats, certes, mais aussi par rapport aux hommes... car si le peuple des égouts s'agite aujourd'hui plus qu'il ne l'a jamais fait, si sa conscience collective se trouve gorgée d'informations et de pulsions, c'est qu'il se passe quelque chose en votre monde qui devient incontrôlable.

Ce quelque chose n'est autre qu'une profusion de pensées perverses et cruelles. Vos frères rats n'en peuvent plus d'être confrontés à ce phénomène, ils ne parviennent plus à assurer leur rôle d'éboueurs de la basse psyché humaine. Pouvez-vous imaginer ce que cela signifie à court terme ? Tout simplement une implosion de votre monde. Mon rôle n'est pas de vous effrayer ni de vous enseigner à ce propos, mais de vous adresser une mise en garde de plus. Celle-ci vient tout droit de vos frères dits *inférieurs*. La Terre et toutes les formes de vie appelées dans son sein ne demandent pas la pitié mais la simple justice, celle qui repose sur la raison la plus élémentaire. Je sais fort bien qu'à cette heure mes paroles paraissent encore dérisoires car le temps n'est pas encore venu où l'humain de cette Terre est prêt à remettre en cause son titre de *roi de la Création*. Néanmoins, un autre temps vient, celui où, par la crainte, par le doute, par un amour naissant , une autre qualité d'écoute commence à émerger en lui. Toute votre aventure déroutante aux côtés de Tomy et invraisemblable pour la majorité de vos contemporains a pour but de précipiter cette émergence. Vous savez, quant à vous, que vous ne la rêvez pas et d'autres, chaque jour plus nombreux, comprendront aussi sa réalité. »

Un silence profond monte du dedans de nous-mêmes tandis que la Présence achève de nous transmettre ces paroles. Le sourire que nous percevons à travers chacune d'elles contraste étonnamment avec leur force troublante. Nous le recevons telle une accolade ou comme la confirmation d'un pacte et d'une intime complicité. Un instant s'écoule et nous avons envie de dire « Mais, qui es-tu au juste ? Parle-nous donc de toi... toi dont le son de la voix ne nous quitte plus... »

Question futile, vaine... et qui demeure sans objet, nous le sentons.

Un souffle léger, merveilleusement printanier, vient alors nous envelopper. Peut-être est-il la réponse. Une réponse que nous n'avons pas le temps de méditer car la soudaine conscience d'être *ailleurs* nous habite déjà.

Nous jetons un dernier regard au petit peuple des rats qui s'agite toujours autour du vieux chiffon... Regard de tendresse, de surprise encore, puis une force douce nous arrache à son monde ; elle nous aspire par le milieu du dos, à la base du cœur et, dans une sereine explosion, nous propulse à l'air libre, sous le soleil blanc du matin. Nous sommes de retour dans la ruelle derrière l'église, presque au ras du sol...

Au-dessus de nous, tout en haut du clocher, une bande de pigeons roucoule bruyamment et parvient à cacher les bruits qui s'échappent du marché.

Et puis, il y a Tomy, Tomy que nous apercevons enfin à l'autre bout de la ruelle et qui, brusquement, stoppe net sa course. Quelque chose l'a frappé que nous captons en même temps que lui. C'est une lumière bleue mêlée de rose. Celle-ci est venue le caresser derrière la nuque et maintenant l'enveloppe dans sa totalité.

Le jeune chien se retourne alors et, avec lui, nous découvrons, à une trentaine de mètres, la silhouette longiligne d'une adolescente qui lui tend la main et s'efforce d'avancer à pas mesurés. C'est elle la source de lumière...

La clarté qui se dégage de son cœur est plus présente que jamais, plus chaude et plus vivante que tout à l'heure sur la place du marché. Déjà, elle a fait naître un véritable pont entre l'animal et elle... si dense qu'il ressemble à un vieux lien, une sorte de cordon ombilical tissé de tendresse et de reconnaissance.

Tomy balance la queue, d'abord timidement puis avec frénésie. Se souvient-il de l'ambiance d'une auberge et de son ruisseau, de la profondeur d'un regard gravé dans ses rêves ou de quelque chose d'autre, plus ancien encore ? Peu importe. Ce qui domine pour l'instant c'est cette lumière qu'il alimente à son tour et qui jaillit de tout son être.

« Comment t'appelles-tu ? » fait la jeune fille en s'accroupissant.

Et Tomy se met à lui lécher les genoux, tout tremblant, ne sachant plus faire que cela.

« Sylvie ! Allons, cela fait un quart d'heure que je te cherche ! »

A l'angle de la ruelle, la dame au manteau rouge est apparue et marche d'un bon pas en direction de sa fille et de Tomy. La quarantaine rayonnante, elle a pris cet air faussement sévère qui ne trompe personne.

« Alors, tu l'as retrouvé ce chien... »

Pour toute réponse, Sylvie serre Tomy dans ses bras. Elle est perdue dans la foule des pensées qui se précipitent en elle et dans lesquelles nous lisons comme à livre ouvert. Sa mère poursuit :

« Tu veux que l'on demande à ton père ? Tu pourrais répondre, tout de même... »

Disant cela, la dame au manteau rouge s'est mise à caresser Tomy qui s'est aussitôt couché sur le dos.

Trop émue pour parler, trop gauche et trop timide pour dévoiler ses sentiments, la toute jeune fille a répondu à sa mère par un simple "oui" de la tête, presque un soupir de soulagement.

Et pour nous, ce "oui" du cœur ressemble de façon éloquente à une fin de voyage, à une arrivée sur un quai, à cet instant précis où, fatigué mais heureux on pose ses valises.

Nous en sommes désormais certains, un rideau, le nôtre, se tire ici. Te reverrons-nous, Tomy ? Nous l'ignorons mais ce qui nous importe c'est qu'aujourd'hui il y ait eu enfin une oreille pour entendre ton appel et une mémoire pour se souvenir de ton regard.

« Reste ici avec lui, je reviens avec la voiture... »

La voix de la dame au manteau rouge que nous regardons maintenant s'éloigner à grandes enjambées s'imprime en nous comme un véritable sceau. L'empreinte que nous espérions.

Voilà, dans quelques instants, il nous faudra donc tourner une page. Bientôt, une automobile apparaîtra à l'angle de la vieille église et Tomy y montera, d'un seul élan, pour y embrasser sa destinée. Il nous faudra juste trouver les mots pour dire... Mais dire quoi ? Ajouter encore des mots les uns à côté des autres ? Ils nous sembleraient bien fades face à l'amour reçu. Alors, peut-être appartient-il à chacun d'apporter, non pas une conclusion mais une suite à ce témoignage... car tout reste à faire, tout reste à donner... au peuple des animaux.

Aujourd'hui, Tomy vit heureux dans une famille parmi d'autres, à la sortie d'une bourgade des bords de la Méditerranée. Un chaton est venu le rejoindre dernièrement. Dans un ultime contact, la voix-guide nous l'a malicieusement annoncé :

« Vous souvenez-vous de son amie la chatte, partie pour le "Centre de l'Univers" ? Eh bien... elle est revenue. C'est une histoire d'amitié toute simple car, voyez-vous, le cœur n'a pas besoin d'être "humain" pour savoir aimer. »

Quelques questions et
leurs réponses

Au fil des mois, un certain nombre d'interrogations relatives au monde animal nous ont été soumises. Dans les pages qui suivent nous avons tenté de les synthétiser et de leur apporter les réponses les plus claires possibles afin de les gérer au mieux lorsqu'elles se présentent au quotidien. Ces réponses ne proviennent pas de notre appréciation personnelle des choses. En effet, toutes ont été recueillies auprès de ce qu'il est convenu d'appeler des entités directrices du monde animal. Nous vous les offrons dans le désordre, aussi naturellement que nous avons pu les collecter.

QUE FAUT-IL PENSER DU VEGETARISME ?

Tout simplement qu'il est une phase logique, nécessaire et inévitable dans le développement de la conscience. Il n'est pas un but en soi car le végétal lui-même est une manifestation de vie aussi respectable que l'animal, même si celle-ci est plus éloignée de la nôtre. Le végétarisme est une marque de respect envers les êtres que nous pouvons à juste titre considérer non seulement comme de jeunes frères mais aussi comme des créatures intelligentes qui savent ce que souffrir signifie. Il est donc un signe pur et simple d'humanité et de compassion. Qu'éprouverions-nous si des êtres dotés d'une forme de vie plus élaborée que la nôtre et ne nous laissant que peu de chances de dialoguer avec eux, trouvaient normal et appétissant de nous inclure dans leur menu ?

L'habitude de manger de la viande est totalement culturelle. Elle ne correspond aucunement à une nécessité dictée par le corps humain qui peut trouver ailleurs et autrement les protéines dont il a besoin. Dès maintenant et dans les décennies qui viennent, nous allons constater un net progrès du végétarisme parce que les générations nouvelles ont été instruites dans ce sens, avant même que de s'incarner. Cela va témoigner d'un début d'affinement de la conscience humaine qui s'apprête à remettre en cause son rapport, son positionnement avec ce que l'on appelle globalement la Vie.

Du point de vue « santé », un grand nombre de troubles et de maladies peuvent être considérablement amoindris par la mise en pratique du végétarisme. Celui-ci doit d'ailleurs être davantage considéré comme une philosophie de vie que comme un régime. La notion de régime véhicule celle de privation, ce qui ne peut être le cas d'un végétarisme bien compris et bien vécu.

Il est pourtant vain de vouloir forcer un individu à être végétarien car le végétarisme est une attitude que l'être découvre de lui-même harmonieusement, à un stade de son évolution. Il faut en parler, le suggérer, l'expliquer.

Gardons-nous, bien sûr, de jugements hâtifs et inconsidérés. En effet, la simple observation de nos sociétés permet de comprendre que le végétarisme n'est hélas pas un signe de spiritualité et qu'inversement le statut de mangeur de viande ne sous-entend pas une conscience peu évoluée. Etrangement, certains maîtres spirituels n'ont jamais été végétariens et il est de grands criminels qui n'ont jamais voulu de nourriture carnée... Il y a dans chaque individu, quel qu'il soit, une part d'ombre et de lumière qui se manifeste différemment en fonction d'une infinité de critères qui vont de l'héritage génétique à des prises de position diverses en fonction de choix sociaux.

Nul n'a le droit de juger !

Il faut simplement avoir la lucidité de reconnaître que notre époque, que l'on dit moderne et évoluée, n'est en fait qu'une manifestation de plus de la préhistoire de la conscience humaine terrestre à laquelle très peu d'êtres échappent. Dans les millions d'années à venir, l'homme sera appelé à dépasser le végétarisme lui-même pour se nourrir de prâna ou plutôt pour faire circuler plus pleinement et plus consciemment ce prâna en lui-même. Viendra un temps où le fait de manger un animal paraîtra tout aussi répugnant et primitif que celui de manger un humain, puis celui où le fait de consommer un végétal sera perçu aussi comme un acte de cruauté.

La finalité de la Vie n'est certes pas de se perpétuer dans la souffrance et la mort, même si celle-ci est comprise en tant que transformation.

Le *végétalisme*, pour notre temps, n'a pas réellement de sens en lui-même dans la mesure où il se présente comme la radicalisation souvent trop rigide d'une éthique louable. Les produits laitiers et les œufs sont en fait des sortes de fruits que nous offre le monde animal. Il convient seulement de les consommer avec modération de façon à ne pas engendrer un excès de production qui génère à son tour une exploitation du monde animal par voie détournée.

BON NOMBRE D'ANIMAUX SONT EUX-MEMES CARNIVORES, COMMENT COMPRENDRE CELA ?

Pourquoi donc exigerions-nous des animaux une attitude que nous-mêmes ne sommes pas capables, en général, d'observer ? L'univers animal, ainsi que tout autre univers, est en constante évolution. Il ne représente pas la perfection sous prétexte qu'il demeure proche de la nature. Les animaux sont issus d'une vague de Vie plus récente, plus jeune que la nôtre. En ce sens leur attitude par rapport à la nourriture carnée est plus compréhensible que la nôtre. Le sang véhicule les pulsions primaires d'une forme de vie incarnée. Il est une mémoire. Le fait d'ingérer de la chair, donc généralement du sang, crée un lien avec l'aspect hyper-incarné, instinctif de la vie. Cela enracine la conscience dans la matière et permet à l'ego de s'exprimer plus pleinement sous de multiples formes, ce qui est parfois nécessaire aux animaux dans une phase de leur évolution.

COMMENT FAUT-IL COMPRENDRE L'ATTITUDE D'UN CHAT FACE A UNE SOURIS, PAR EXEMPLE ?
DANS SON ATTITUDE DE CHASSEUR, IL SEMBLE PARFOIS Y AVOIR UNE MANIFESTATION DE PERVERSITE, VOIRE DE SADISME.

Les chats peuvent être considérés comme les « médiums » du monde animal, au sens le plus large du terme. Constamment en contact avec les univers immatériels, ils peuvent donc en manifester les aspects les plus opposés. S'ils sont capables d'en traduire dans certains instants toute la sagesse, par une clairvoyance et une maîtrise étonnantes, l'inverse est également possible. En d'autres termes, certains chats, mais ils ne sont pas les seuls dans le monde animal, peuvent être momentanément incorporés par des entités primaires de l'univers éthérique. Celles-ci, animées par une conscience très jeune, rudimentaire et donc dénuée de toute éthique, jouent de cette façon avec la matière par l'intermédiaire des chats. Le chat lui-même n'est pas directement responsable de cet état de fait. L'une des tâches de son espèce est de maîtriser sur cette Terre ses dons de « canal » et de mieux les polariser dans une direction lumineuse.

QUE PENSER DU SUICIDE COLLECTIF SUPPOSE CHEZ CERTAINS ANIMAUX COMME LES LENNINGS NOTAMMENT ?

En fait, ce ne sont pas des suicides, mais des dons à la Terre en tant qu'organisme vivant équilibré et conscient. L'esprit-groupe de certaines espèces d'animaux se sait au service de cet équilibre et se perçoit comme une partie de ce tout. Il sait notamment que l'offrande biologique de milliers ou de millions de corps par lesquels il se manifeste, peut constituer un apport nutritif important à l'équilibre écologique à un moment donné et en un lieu donné d'un élément de la nature comme l'eau ou la terre. Il ne s'agit donc aucunement d'un acte de désespoir mais bel et bien d'un don afin que certains principes chimiques faisant défaut en un lieu soient rétablis. Le rapport à la mort chez ces animaux est bien sûr totalement différent du nôtre.

ON PARLE DU SUICIDE DE CERTAINS DAUPHINS EN CAPTIVITE. EST-CE EXACT ?

C'est parfaitement juste mais il faut apporter quelques précisions à cette vision des choses. Lorsqu'un être humain évoque le suicide, c'est généralement par révolte, par désespoir ou par épuisement et cela peut se traduire par un acte de volonté. Chez les dauphins, il n'y a pas de volonté de suicide. La mort devient pour eux inévitable dans certains cas parce que, privés de la joie qui est leur moteur, ils ne peuvent que se faner et tomber comme des feuilles qui se détachent d'un arbre. Leur âme se rétracte de leur corps. Elle ne peut faire autrement puisque la lumière qui l'habitait ne l'alimente plus. Ce n'est donc pas un dégoût, une peur, un rejet violent de certaines situations qui les fait partir, mais plutôt une lassitude, une immense tristesse.

Y A-T-IL UNE EXPERIMENTATION ANIMALE JUSTE ?

En aucun cas. L'expérimentation animale doit être considérée comme un acte de barbarie pure. Elle est l'expression de la bestialité inassouvie de certains êtres que l'on dit cependant humains. Les découvertes dues à ce type d'expérimentation sont désormais si minimes... et à des fins généralement si purement mercantiles que plus rien ne les justifie. Il existe bien d'autres moyens d'investigation afin que la recherche progresse. Là encore, comme pour le végétarisme, il faut changer le mode de pensée et cesser de faire de l'homme le maître incontesté de la Création. En légitimant tous ses actes, on le conforte dans son comportement tyrannique.

L'espèce humaine s'est constitué, notamment durant ces dernières décennies, un karma pesant envers le monde animal. Le problème n'est pas de modifier notre attitude par crainte de ce karma car la peur n'ouvre pas le cœur. Le problème est plutôt d'apprendre le respect des animaux et de désamorcer tout germe de cruauté dans les consciences qui se prétendent humaines.

La notion d'humanité n'est certes pas liée à une forme ni à un ensemble de données biologiques mais à une attitude générale de l'esprit, à une ouverture de l'âme à la Lumière, c'est-à-dire, globalement, à ce qui rend meilleur. A ce titre, un certain nombre d'animaux se montrent depuis longtemps plus humains que beaucoup d'hommes et de femmes. La simple observation de notre monde peut nous en fournir la preuve constante.

D'une manière générale, les souffrances et les tortures infligées à l'animal ainsi que les conditions de détention de celui-ci (élevage en batterie par exemple) laissent un impact très douloureux sur l'ensemble de son espèce et une plaie à vif sur sa conscience collective. Il est à prévoir que dans les siècles et les millénaires à venir, de plus en plus d'humains arrivés à un stade d'évolution et de compassion avancé voudront s'incarner dans des corps animaux à la façon de ce que l'Orient appelle des Boddhisatvas (voir l'exemple du lièvre au début de cet ouvrage) de façon à faire un don à l'espèce animale et à épurer le karma de l'humanité.[1]

---

[1] - L'homme est souvent moins exigeant avec lui-même qu'envers les animaux avec lesquels il vit. Ainsi peut-on aisément plagier la célèbre phrase de Beaumarchais : « Aux vertus que l'on exige d'un animal, peu d'hommes seraient dignes de l'être. »
A titre d'information, environ huit millions d'animaux sont sacrifiés chaque année en France et huit cents millions dans le monde entier. Nous devons en grande partie cette pratique à Claude Bernard, médecin, physiologiste du siècle passé qui a imposé la vivisection animale comme méthode scientifique !

ACTUELLEMENT, UNE GRANDE VAGUE DE RECHERCHE SUR L'ADN POUSSE DES CHERCHEURS A CREER DES RACES TRANSGENETIQUES (A PARTIR NOTAMMENT DES SOURIS, CHEVRES, MOUTONS, VACHES ET PORCS) **AFIN DE FAIRE PRODUIRE PAR DES ANIMAUX DES TISSUS OU DES PROTEINES HUMAINES. QUE PENSER DE CELA ?**

Que cette recherche est de la pire inconscience. En effet, elle ne tient compte que d'un savoir strictement matériel et matérialiste. Elle ignore totalement les réalités subtiles qui font que le corps physique et ses lois sont le produit de l'âme et donc sa contrepartie densifiée. En générant des races transgénétiques, on mélange inconsidérément des manifestations issues de réalités d'ordre vibratoire différent. Les barrières naturelles entre les espèces, qu'elles soient physiques ou psychiques, ont leur raison d'être. Le fait de les violer, de vouloir les déplacer, va tout simplement provoquer des fissures importantes dans le système immunitaire des animaux et de l'homme avec l'apparition rapide de maladies et de malformations graves.

De telles expériences ont déjà été réalisées il y a des millénaires sur cette Terre, par des civilisations qui se sont auto-détruites. Tout se passe aujourd'hui comme si l'égrégore de ces aberrations passées venait visiter certains « savants » afin d'attiser et d'instruire leur besoin de domination... déguisé en volonté de servir la Vie.

Ces considérations ne signifient nullement qu'il faille abandonner les recherches en génétique. La Nature, parfaite en essence, est cependant perfectible dans ses manifestations et il appartient à l'homme de l'explorer, de favoriser le développement, l'expansion de ses lois. Il faut seulement ne jamais perdre de vue que toute recherche, si elle n'est pas habitée par le sens du Sacré, ne demeure qu'une manipulation de la Création, un jeu de l'ego qui se met en marge de la grande Force Universelle qu'est la Divinité et donc s'empoisonne à très court terme.

QUE PENSER DU CHAMANISME ET DE LA COMMUNION PSYCHIQUE DU CHAMAN AVEC L'AME ANIMALE, QU'ELLE SOIT INDIVIDUELLE OU DE GROUPE ?

Le chamanisme est un souvenir de l'antique pacte qui liait les animaux et les hommes dans un passé très reculé de notre planète. Il est, en ce sens, un moyen de communication infiniment respectable. Cependant, le pont qu'il représente nécessite chez celui qui l'emprunte une grande maîtrise de son propre ego. En effet le développement des capacités psychiques qu'il sous-entend met le chaman face à la notion de pouvoir.

Le véritable chaman n'est pas un homme de pouvoir au sens égotique du terme. Il est au service de la Vie, avant tout, puisqu'il connaît le code d'accès à certains de ses rouages intimes.

Bien compris, bien pratiqué, ce qui est sans doute plus rare qu'on ne le croit, le chamanisme est un chemin qui doit mener à une prise de conscience christique au sens universel du terme car il favorise la communion entre les espèces et rend le Sacré omniprésent.

QUELLE ATTITUDE ADOPTER FACE AUX INSECTES QUE L'ON DIT NUISIBLES OU GENANTS DANS LE CONTEXTE QUOTIDIEN ? DOIT-ON SE LAISSER ENVAHIR PAR EUX

SOUS PRETEXTE QU'UNE AME LES ANIME, MEME SI CELLE-CI EST COLLECTIVE ?

De l'avis même des dévas du monde animal, il n'est exigé d'aucune espèce de se laisser envahir par une autre. Chaque forme de vie, qu'elle soit minérale, végétale, animale ou humaine a droit à son propre territoire d'expression. La difficulté réside donc dans le mariage harmonieux des différents territoires. S'il est facile, et même souvent, un peu trop aisé pour l'homme, de déterminer son territoire face aux animaux en général, il n'en est pas de même lorsque celui-ci se trouve face aux insectes. Qui en effet n'a jamais été envahi par les fourmis, les guêpes, les moustiques, les mites et parfois les cafards ?

Face à des invasions de ce genre, il convient sans doute dans un premier temps d'analyser notre propre comportement et de renoncer intérieurement à l'emploi du terme « nuisible ». En effet, il n'y a pas de forme de vie qui soit nuisible au sens strict du terme. Toutes ont leur fonction, même celle de l'homme bien quelle soit sans conteste la plus grande prédatrice de ce monde.

L'attitude de base réside d'abord dans le respect de celui que l'on perçoit comme un envahisseur, car ce dernier obéit obligatoirement à des raisons qui nous échappent. Lorsque notre mental se révolte contre la présence d'insectes, lorsque notre émotivité s'en mêle, notre aura émet généralement un train d'ondes qui ne fait qu'attirer ou rendre plus agressif l'envahisseur. Il existe une mécanique subtile qui gère tout cela.

La première chose est donc de prendre conscience que l'on a affaire à une âme-groupe, donc à un être vivant et conscient au sens plein du mot. A partir de cette réflexion qui doit dépasser le simple plan intellectuel, on doit savoir qu'il est possible d'entrer en contact, de dialoguer avec l'entité directrice du groupe. C'est ce que l'on doit faire intérieurement et avec conviction. Il est possible pour cela d'isoler momentanément un insecte de son groupe et de le charger de véhiculer un message de retrait à ses semblables. Cela peut bien sûr prêter à sourire lorsque l'on analyse tout cela avec un regard occidental, rationnel... mais pourtant... toute cette démarche obéit à une logique, à une raison... que la nôtre a simplement oubliée depuis longtemps.

Délivrer un tel message doit à la fois venir du cœur et se montrer d'une grande fermeté, voire d'une certaine intransigeance. A moins que nous ne soyons dotés de capacités psychiques très fines, les insectes ne se laissent influencer que par des ondes psychiques ou des images mentales très précises, presque binaires, du type oui ou non, permis ou interdit.

Les âmes-groupe des insectes (différentes des dévas qui sont des entités directrices beaucoup plus affinées dirigeant toute une espèce) construisent progressivement un ego. C'est la raison pour laquelle elles recherchent généralement l'expansion et, bien sûr, génèrent souvent l'affrontement qui en résulte. Il ne faut donc pas interpréter cela en termes de stricte agression. Il s'agit d'une phase d'inspiration naturelle de l'espèce animale en question qui, de plus, peut s'appuyer sur des modifications de base des forces premières de la Nature, par exemple le léger déplacement de lignes de force telluriques, électriques ou le changement progressif de la nature éthérique d'un lieu.

Une tentative de conciliation avec l'espèce animale concernée doit donc être la première réaction. Elle demande en résumé souvent un peu de patience (ce qui nous fait généralement défaut), de l'amour et une volonté néanmoins déterminée. Force nous est cependant de constater – et les dévas en conviennent – que certaines âmes-groupe sont parfois extrêmement rebelles à toute forme de conciliation avec l'homme. On peut alors, et seulement dans ces cas-là, s'autoriser à mettre un terme à l'invasion.[1]

Si tel devait être le cas, gardons-nous bien dans cet acte d'émettre des pulsions et des débordements psychiques négatifs envers l'espèce indésirable. Une réaction énergique ou une colère peuvent être justes et saines si elles ne proviennent pas des racines de l'émotivité. L'auto-défense ne doit en aucun cas semer de l'agressivité. Il existe bien sûr d'autres moyens, plus chamaniques, de stopper une invasion animale excessive. Mieux vaut cependant laisser ces méthodes aux personnes compétentes. Signalons néanmoins que certains de ces moyens mettent en œuvre des forces contactées par le biais de pratiques peu lumineuses dont il est plus que souhaitable de se détourner.

IL EST CERTAIN QUE DANS L'ETAT ACTUEL DES CHOSES, LE MONDE HUMAIN EST IMPARFAIT, DU FAIT DE LA COMPLEXITE DE L'AME HUMAINE ET DE LA LIBERTE DONT CELLE-CI DISPOSE. D'AUCUNS AFFIRMENT QUE LES MONDES PROCHES DE LA NATURE, CELUI DES

---

1 - N'agissons-nous pas de même envers le monde végétal également vivant et à respecter ?
Lorsqu'un liseron ou un lierre étouffent une plante, il faut parfois les arracher même si on apprécie leur beauté. La vie nous place continuellement devant des choix.

ANIMAUX PAR EXEMPLE, MANIFESTENT QUANT A EUX
LA PERFECTION. QUE PENSER DE CES AFFIRMATIONS ?

Tout dépend de ce que l'on entend par le terme « parfait ». Le « parfait » n'est un idéal que dans un contexte donné, en fonction d'une foule de critères qui sont les références d'un certain niveau de conscience. Ainsi l'élément « eau » est-il parfait dans notre type de monde puisqu'il représente une des bases de la Vie. Dans le monde animal, le chat peut évoquer aussi une notion de perfection dans le sens où il semble manifester un équilibre idéal entre la « mécanique » du corps et la maîtrise du psychisme. Il y a perfection aussi dans le sens où l'animal est entièrement lui-même, totalement dans ce qu'il fait et dans l'instant présent.

Toutefois, dans l'absolu, il n'y a pas plus de perfection au sein de l'univers animal que dans un autre. Celui-ci est perfectible comme le nôtre, comme celui des minéraux, des végétaux.

Les spécificités des mondes à venir se manifestent déjà clairement chez les plantes ou les animaux. Chaque espèce développe des qualités et nourrit aussi des défauts. Il est illusoire d'idéaliser tel ou tel monde mais beaucoup plus sage de le respecter et de l'aider à progresser, avec nos propres moyens et par la force de l'amour. Il existe des animaux capables de cruauté tout comme il est des hommes bestiaux. La seule différence réside dans le fait que de tels animaux sont infiniment moins responsables de leurs actes que ne l'est un humain.

La perfection n'existe pas non plus dans l'univers des âmes-groupe ou des devas. Nous dirons plutôt qu'il y a différents niveaux de sagesse qui s'y révèlent. Chaque âme-groupe, chaque deva a sa propre sensibilité ; il a pour mission d'aider au développement de toute une espèce, dans une direction et une finalité précises par le biais de telle ou telle spécificité. Il ne faut pas oublier que ces êtres, ou plus exactement ces consciences vivent à différents degrés à travers les créatures qu'elles guident. Elles connaissent donc de ce fait une évolution, elles se perfectionnent. Toute forme de vie est appelée à croître et cela quel que soit son niveau d'affinement. Ce qui représente la perfection dans un monde, se montre encore susceptible de grandir lorsqu'il parvient dans un autre.

QUE PENSER DE LA CHASSE ?
SE JUSTIFIE-T-ELLE ENCORE ?

Ceux qui auront compris l'essence du témoignage que représente ce livre trancheront la question sans hésiter. Nous ajouterons simplement une petite phrase empruntée à G.B. Shaw : *« Quand un homme désire tuer un tigre il appelle cela un sport ; quand un tigre désire le tuer, l'homme appelle cela férocité. »*

Il nous faut cependant faire une parenthèse relative à la chasse telle qu'elle était pratiquée par les Indiens du continent Nord-Américain. Dans le combat qui opposait l'homme à l'animal, l'âme de celui-ci était prise en compte. L'Amérindien dialoguait avec elle, lui expliquait les raisons de son geste et la remerciait du don qu'elle lui faisait afin de subvenir strictement à ses besoins. Ainsi, n'était-il pas rare de voir certains animaux offrir volontairement leur chair parce qu'ils savaient qu'elle était prise en conscience et avec respect. Il n'en demeure pas moins que la chasse sous toutes ses formes témoigne d'un rapport archaïque de l'homme avec la nature.

Annexe

Beaucoup l'ignorent, il existe une charte des droits de l'animal. Même si celle-ci reste, hélas, sans application réelle, il nous a semblé utile de la reproduire dans ces pages parce qu'elle représente, malgré tout, un pas important dans une prise de conscience capitale. A nous tous de la faire valoir, non pas en imposant « nos » vérités sur le monde animal et « nos » propres découvertes, mais en suggérant une réflexion sur le sujet. On ne peut s'opposer à l'agression et au mépris par un autre type d'agression et de mépris. C'est de la réflexion que naîtra le respect... Alors, au cœur de ce respect pourra enfin naître l'Amour.

DECLARATION UNIVERSELLE
DES DROITS DE L'ANIMAL

Article premier :
Tous les animaux ont des droits égaux à l'existence dans le cadre des équilibres biologiques.
Cette égalité n'occulte pas la diversité des espèces et des individus.

Article 2 :
   Toute vie animale a droit au respect.

Article 3 :
   1 - Aucun animal ne doit être soumis à de mauvais traitements ou à des actes cruels.
   2 - Si la mise à mort d'un animal est nécessaire, elle doit être instantanée, indolore et non génératrice d'angoisse.
   3 - L'animal mort doit être traité avec décence.

Article 4 :
   1 - L'animal sauvage a le droit de vivre libre dans son milieu naturel, et de s'y reproduire.
   2 - La privation prolongée de sa liberté, la chasse et la pêche de loisir, ainsi que toute utilisation de l'animal sauvage à d'autres fins que vitales, sont contraires à ce droit.

Article 5 :
   1 - L'animal que l'homme tient sous sa dépendance a droit à un entretien et a des soins attentifs.
   2 - Il ne doit en aucun cas être abandonné, ou mis à mort de manière injustifiée.
   3 - Toutes les formes d'élevage et d'utilisation de l'animal doivent respecter la physiologie et le comportement propres à l'espèce.
   4 - Les exhibitions, les spectacles, les films utilisant des animaux doivent aussi respecter leur dignité et ne comporter aucune violence.

Article 6 :
   1 - L'expérimentation sur l'animal impliquant une souffrance physique ou psychique viole les droits de l'animal.

2 - Les méthodes de remplacement doivent être développées et systématiquement mises en œuvre.

Article 7 :
Tout acte impliquant sans nécessité la mort d'un animal et toute décision conduisant à un tel acte constituent un crime contre la vie.

Article 8 :
1 - Tout acte compromettant la survie d'une espèce sauvage, et toute décision conduisant à un tel acte, constituent un génocide contre l'espèce.
2 - Le massacre des animaux sauvages, la pollution et la destruction des biotopes sont génocides.

Article 9 :
1 - La personnalité juridique de l'animal et ses droits doivent être reconnus par la loi.
2 - La défense et la sauvegarde de l'animal doivent avoir des représentants au sein des organismes gouvernementaux.

Article 10 :
L'éducation et l'instruction publique doivent conduire l'homme, dès son enfance, à observer, à comprendre et à respecter les animaux.

d'après la Ligue Française des Droits de l'Animal.

LABORATOIRES NE PRATIQUANT PAS L'EXPERIMENTATION ANIMALE :

REVLON - YVES SAINT LAURENT - JEANNE GATINEAU - GIVENCHY/SWISSCARE - ROC - CHARLES OF THE RITZ - CLARINS -

ESTEE LAUDER - DIOR - WELLA - COSMETIQUES CARREFOUR - JACQUES DESSANGE - VIE ET SANTE - MILL CHEEK - THALGO COSMETIQUES - THE BODY SHOP - YVES ROCHER - LA VIE CLAIRE - EUGENE GALLIA - L'OCCITANE - WELEDA - BIOKOSKA FRANCE - L'HERBIER DE PROVENCE - SEBASTIAN - MAISON VERTE/GLASSEX/AIRWICK - FABULON/HARPIC - ECOVER - RAINETT - MONOPRIX VERT - ST MARC.

LABORATOIRES PRATIQUANT L'EXPERIMENTATION ANIMALE :

L'OREAL ET SES SOUS MARQUES :
GARNIER - SCAD - PLAUBERT - PALOMA PICASSO - VICHY - DERCOS - GLORIA VANDERBILT - LANCOME - NARTA - GEMMEY RICILS - CACHAREL - GUY LAROCHE - DOP - MIXA DOUSSINTIM - OBAO - BIEN-ETRE - JACQUES FATH - BIOTHERM - HELENA RUBINSTEIN - CADONETT - MENNEN - EAU JEUNE - COURREGES - PHAS - VITTEL - RALPH LAUREN - GOLDYS - GORGIO ARMANI.

AINSI QUE :
AMWAY - BELL-BLENDAX - BRISTOL MEYERS - CARITA - COPAREL VADEMECUM - DR BODE - FENJELA - HENKEL - INTIMATE DE KARINZIA - KALODERMA - LAYBELLINE - LE CLUD DES CREATEURS DE BEAUTE - MARGARET ASTOR - MIBELLE 4711 - MISS DEN - NOVICOS COSMETICS - ORLANE - PAYNT - PROCTER & GAMBLE - SASSOON, PANTENE - CLEARASIL - PIERRE FABRE - POLYSIANES, CIBLE - ROCHAS - SHISEIDO - SCHWARZKOPF - VEAT - VAN CLEEF & ARPELS - COTY YVON - COLGATE, PALMOLIVE - DR KARL HANN - DANIEL JOUVANCE - KIWI (SANNEX) - LANCASTER - LEVER (CAMAY, DOVE, LUX) - MONT ST MICHEL - MAX FACTOR - MAURICE MESSEGUE - NIVEA (LILIANE FRANCE, BABIVEA, HANSAPLAST) - POUSSE-MOUSSE - PROPARCOS (F. ARTHAUD) - SUTTER - VENDOME - ZEEZON - BEIERSDORF - BARBARA GOULD - GOMETTE (AAPRI, SOYANCE) - LE CHAT - TEMPO - VERLANDE - OIL OF OLAZ - MONSAVON - ZEST - DUCRAY - SANTE BEAUTE - EMAIL DIAMANT - RENE FURTERER (LILEANCE, ELANCIL) - TIDE - SOL AIR/SOLEA (LE PETIT MARSEILLAIS) - ROGER GALLET - STAR COSMETICS - BABOR - BELIFLOR - CHANEL - COVER GIRL - DEMORPHIL INDIEN - DR PIERRE RICAUD - GUERLAIN - CITY, FA,

214

DIADERMINE - JOHNSON & JOHNSON - KAMILL - LITAMIN - MONTEIL - MOLYNEUX - NINA RICCI PARFUMS - NOXEL - PRINTIL, TAHITI - PER (VAISSELLE) - PETROL HANN, VIDAL - HEGOR, BIACTOL - HAND & SHOULDER - GALERIC, KLORANE, AVENE, LOUISON BOBET.

Cette liste, non exhaustive, n'est donnée qu'à titre d'information, à partir de courriers reçus des firmes cosmétiques et peut subir des modifications à tout moment.

QUELQUES LIVRES A LIRE :

« Dialogue avec la nature »
de Michael Roads - *Editions Vivez Soleil*

« Devas »
de Michel Coquet - *Editions de l'Or du Temps*

« L'âme des animaux »
de Jean Prieur - *Editions Robert Laffont*

« Les Etats d'âme des Plantes »
de Robert Frédérick - *Editions Amrita*

Achevé d'imprimer en septembre 1994
sur presse CAMERON,
dans les ateliers de la S.E.P.C.
à Saint-Amand-Montrond (Cher)

002401 610200 04

Dépôt légal : septembre 1994.
N° d'impression : 2201.

Imprimé en France